astrojildo pereira

formação do pcb

astrojildo pereira

formação do pcb

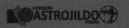

© desta edição, Boitempo e Fundação Astrojildo Pereira, 2022

Conselho editorial da coleção Astrojildo Pereira
Fernando Garcia de Faria, Ivana Jinkings, Luccas Eduardo Maldonado, Martin Cezar Feijó

Fundação Astrojildo Pereira

Conselho Curador
Presidente: Luciano Santos Rezende
Diretoria Executiva
Diretor-geral: Caetano Ernesto Pereira de Araújo
Diretor financeiro: Raimundo Benoni Franco

Fundação Astrojildo Pereira
SEPN 509, bloco D, Lojas 27/28, Edifício Isis
70750-504 Brasília DF
Tel.: (61) 3011-9300
fundacaoastrojildo.org.br
contato@fundacaoastrojildo.org.br
facebook.com/FundacaoAstrojildoFap
twitter.com/FAPAstrojildo
youtube.com/FundacaoAstrojildoPereira
instagram.com/fundacaoastrojildo

Boitempo

Direção-geral: Ivana Jinkings
Edição: Tiago Ferro
Coordenação de produção: Livia Campos
Assistência editorial: Luccas Maldonado, Fernando Garcia, Frank de Oliveira e Pedro Davoglio
Preparação de texto: Ronald Polito
Revisão: Carmen T. S. Costa
Diagramação e tratamento de imagens: Mika Matsuzake
Capa: Maikon Nery
Equipe de apoio: Camila Nakazone, Elaine Ramos, Erica Imolene, Frederico Indiani, Higor Alves, Isabella Meucci, Ivam Oliveira, João Cândido Maia, Kim Doria, Lígia Colares, Luciana Capelli, Marcos Duarte, Marina Valeriano, Marissol Robles, Maurício Barbosa, Raí Alves, Thais Rimkus, Tulio Candiotto, Uva Costriuba

Jinkings Editores Associados Ltda.
Rua Pereira Leite, 373
05442-000 São Paulo SP
Tel.: (11) 3875-7250 / 3875-7285
editor@boitempoeditorial.com.br
boitempoeditorial.com.br | blogdaboitempo.com.br
facebook.com/boitempo | twitter.com/editoraboitempo
youtube.com/tvboitempo | instagram.com/boitempo

CIP-BRASIL. CATALOGAÇÃO NA PUBLICAÇÃO
SINDICATO NACIONAL DOS EDITORES DE LIVROS, RJ

P489f

Pereira, Astrojildo, 1890-1965
Formação do PCB : 1922/1928 : notas e documentos / Astrojildo Pereira. - [4. ed.]. - São Paulo : Boitempo ; Brasília [DF] : Fundação Astrojildo Pereira, 2022.
Apêndice
ISBN 978-65-5717-148-6

1. Comunismo - História - Brasil. 2. Partido Comunista do Brasil (1922-1960) - História. I. Fundação Astrojildo Pereira. II. Título.

22-76893

CDD: 324.281075
CDU: 329.15(09)(81)

Meri Gleice Rodrigues de Souza - Bibliotecária - CRB-7/6439

É vedada a reprodução de qualquer
parte deste livro sem a expressa autorização das editoras.
1ª edição: março de 2022

À memória
de meu irmão Francisco,
militante comunista
falecido em 1929.

SUMÁRIO

Nota da edição 9
Testemunho histórico-político, *por José Antonio Segatto* 13
Prefácio 29
Antecedentes da fundação do PCB 33
Alguns dados econômicos 51
O "Partido" de 1919 59
Notícia do I Congresso 61
Os primeiros dias do Partido 67
Movimento Comunista 71
Reorganização das bases do Partido 77
Notícia do II Congresso 81
A Classe Operária 87
A Nação de 1927 91
Bloco Operário e Camponês 99
Encontro com Luiz Carlos Prestes 117
Discussão interna em 1928 121
Notícia do III Congresso 125
Algumas observações autocríticas 143
Crítica que não esclarece 149

APÊNDICE
A Revolução Russa e a imprensa, *por Alex Pavel* 155

Sobre o autor 177

Fundadores do Partido Comunista, em 1922. De pé, da esquerda à direita, estão: Manoel Cendon, Joaquim Barbosa, Astrojildo Pereira, João da Costa Pimenta, Luís Peres e José Elias da Silva. Sentados, da esquerda à direita: Hermogênio Silva, Abílio de Nequete e Cristiano Cordeiro. Arquivo ASMOB/IAP/CEDEM.

NOTA DA EDIÇÃO

No ano do centenário de fundação do Partido Comunista Brasileiro (PCB) a Boitempo e a Fundação Astrojildo Pereira relançam um autor fundamental de nossa cultura: Astrojildo Pereira (1890-1965). Militante comunista e crítico literário, Astrojildo publicou em vida cinco livros — alguns esgotados há décadas — que voltam agora à circulação, em novas edições: *Crítica impura*; *Formação do PCB*; *Interpretações*; *Machado de Assis*; e *URSS Itália Brasil*.

A obra que o leitor tem em mãos, *Formação do PCB*, foi o penúltimo livro publicado por Astrojildo. Trata-se de um dos seus trabalhos que teve mais reedições, contando com três edições. A primeira apareceu em 1962 pela Editorial Vitória, casa de publicação oficial do PCB. Esse trabalho fora redigido por Astrojildo Pereira por causa dos quarenta anos de fundação do partido e buscava criar uma narração histórica das origens do comunismo no Brasil.

Uma segunda versão surgiu em 1976, quando Astrojildo já não estava vivo, pela editora portuguesa Prelo. Essa edição é a única dentre os livros do fundador do PCB lançada fora do Brasil. A Prelo não era vinculada ao Partido Comunista Português (PCP), contudo os seus proprietários — Sérgio Ribeiro, Rui Moura, Carlos Carvalhas e Fráguas Lucas — eram militantes da legenda, mantendo assim um vínculo com a organização. A obra foi publicada dentro da coleção Documentos, selo que visava reunir estudos históricos sobre a esquerda marxista. Dois textos introdutórios foram incorporados. O primeiro, sem assinatura, é intitulado "Astrojildo Pereira", e oferece alguns dados biográficos do autor da obra. O segundo, "Algumas lutas do Partido Comunista Brasileiro", é assinado pelo Núcleo

Astrojildo Pereira, do Partido Comunista Brasileiro — na prática, um grupo de exilados brasileiros vinculados ao PCB que estavam em Portugal e mantinham ligações com o PCP. O texto fazia uma breve síntese da atuação política do PCB dos anos 1920 aos anos 1970. O volume da Prelo possui uma particularidade em sua impressão que requer atenção. Visando adequar a escrita de Astrojildo Pereira ao contexto de Portugal, algumas expressões idiomáticas características do Brasil foram alteradas.

Uma terceira edição foi publicada em 2012, quando se completava noventa anos da fundação do PCB, pela editora Anita Garibaldi, vinculada ao Partido Comunista do Brasil (PCdoB). Essa versão contava com três textos introdutórios: um primeiro, intitulado "A criatura sob o crivo do criador", assinado pelo jornalista Adalberto Monteiro; um segundo, "Nas origens do comunismo brasileiro", pela historiadora Marly de A. G. Vianna; e um terceiro, "No laboratório da história", pelo filósofo João Quartim de Moraes.

E essas não foram as únicas vezes que *Formação do PCB* apareceu em forma de livro. O texto compôs uma coletânea de textos de Astrojildo publicada pela editora Alfa-Ômega, de Fernando Mangariello, em 1979, com o título *Ensaios históricos e políticos*. "Formação do PCB" estava no seu interior junto de quatros outros trabalhos. Essa edição contava com uma apresentação de Heitor Ferreira Lima.

Esta edição de *Formação do PCB* recupera a integridade da obra original de Astrojildo Pereira, estabelecendo o texto conforme escrito pelo autor, realizando apenas a atualização gramatical e padronização editorial. Novos textos foram incorporados: o prefácio assinado pelo historiador José Antonio Segatto, professor da Universidade Estadual Paulista (Unesp), e o texto de orelha de autoria do historiador Fernando Garcia. Como anexo, adicionou-se um importante escrito de Astrojildo intitulado "A Revolução Russa e a imprensa". Redigido em novembro de 1917 e publicado como folheto em 1918, esse texto foi assinado com o pseudônimo Alex Pavel, devido à intensa repressão que se desdobrava contra o movimento operário, do qual Astrojildo era uma das lideranças após as greves gerais de 1917. Seu conteúdo é um questionamento da veracidade das informações sobre a Revolução Russa que circulavam na imprensa brasileira à época. Em 1967 o texto apareceu pela primeira vez em livro, lançado como anexo de *O ano vermelho*, de Aristélio Travassos de Andrade, Clóvis Melo e Luiz Alberto Moniz Bandeira, publicado pela editora Civilização Brasileira.

A editora agradece a José Luiz Del Roio e Renata Cotrim pela cessão das imagens do Archivio Storico del Movimento Operaio Brasiliano/Instituto Astrojildo Pereira, hoje abrigadas no Centro de Documentação e Memória da Unesp. Seguem creditadas neste livro como "Arquivo ASMOB/IAP/CEDEM". As fotos do caderno de imagens que não estão creditadas foram reproduzidas da edição *Formação do PCB (Partido Comunista Brasileiro) 1922/1928*, publicada pela editora Prelo (Lisboa, 1976).

Os militantes anarquistas Octávio Brandão, Astrojildo Pereira, Afonso Schmidt, Edgard Leuenroth e Antonio Bernardo Canellas, em 1919. Após 1922, apenas Leuenroth permaneceria anarquista, os demais ingressaram no PCB. Arquivo ASMOB/IAP/CEDEM.

TESTEMUNHO HISTÓRICO-POLÍTICO

Suscita atenção ou mesmo reflexão o contínuo interesse pela história do movimento comunista nos diversos países ou regiões, de um modo geral, e no Brasil em particular. Mesmo com o encerramento da época histórica do socialismo real ou soviético e dos partidos comunistas ou símiles, a preocupação em conhecer sua história não arrefeceu. É possível que isso se deva ao fato de que seu legado histórico-político insiste em continuar patente, tanto na cultura e na práxis política, como nas instituições da sociedade civil e política. São inúmeros os elementos ou aspectos de suas concepções e projetos que deixaram marcas duráveis, que insistem em permanecer evidentes na realidade sociopolítica contemporânea — muitas de suas proposições, inclusive aquelas extemporâneas, sobrevivem e continuam a influenciar e direcionar a intervenção de organizações e movimentos, agentes e intérpretes. Há casos e situações em que a tradição comunista continua "a oprimir como um pesadelo o cérebro dos vivos", como observou, certa vez, Karl Marx[1] ao analisar o fardo de determinadas ideologias e práxis pretéritas no presente.

No caso do Partido Comunista Brasileiro (PCB), um dos mais longevos dos partidos políticos da história brasileira (1922-1992) — sete décadas de intensa e ativa intervenção sociopolítica —, pode-se afirmar, sem exagero, que ele se tornou, ao longo do século XX, uma das principais instituições do país. O que talvez explique o fato de ter sido objeto de um número considerável de estudos e ensaios, reportagens e memórias (de militantes e dirigentes) publicados, nas últimas décadas, em forma de

---

[1] Karl Marx, *O 18 do Brumário e cartas a Kulgelman* (trad. Leandro Konder, 2. ed., Rio de Janeiro, Paz e Terra, 1974), p. 17.

artigos, livros, teses acadêmicas, etc. Esse extraordinário interesse justifica por si só e perfeitamente a reedição de *Formação do PCB* de Astrojildo Pereira, no ano das comemorações do centenário de fundação do partido.

Editado em 1962 (Vitória), *Formação do PCB* reuniu artigos elaborados e publicados em diferentes ocasiões em jornais pecebistas nos anos 1945-1947, 1952, 1954, 1957 e 1960-1961. Alguns, marcadamente datados, foram escritos condicionados pelas circunstâncias histórico-políticas da práxis dos comunistas brasileiros e do movimento comunista internacional — exemplar é o artigo "Algumas observações autocríticas" de 1954, que traz marcas da época e foi concebido para justificar determinadas concepções, majoritárias na direção do partido, por ocasião da realização do seu IV Congresso em 1954. O livro foi reeditado em 1979 (Editora Alfa-Ômega), junto com outros quatro ensaios do autor ("Sociologia ou apologética", "Manifesto da contrarrevolução", "Campo de batalha" e "Rui Barbosa e a escravidão"), com o título *Ensaios históricos e políticos* e com uma bela e singela apresentação de seu antigo camarada e amigo Heitor Ferreira Lima.

Os artigos que integram o livro de Astrojildo Pereira constituem um relato testemunhal sobre o movimento operário e sindical, o anarquismo e outras correntes sociais e ideológicas (socialismo, trabalhismo, cooperativismo, positivismo, cristianismo, etc.), além, obviamente, da constituição do Partido Comunista do Brasil, junto com temas e questões correlatas — abarca sobretudo os anos 1911-1931 e caracteriza-se por uma exposição de natureza híbrida, amalgamando memória e história. Ou seja, uma narrativa confeccionada de reminiscências individuais, fundada em um processo histórico real protagonizado como agente intelectual e político e, ademais, documentado.

Embora procure efetuar, como ele mesmo afirma, um "retrospecto histórico do movimento operário" desde 1906 — data da realização do I Congresso Operário Brasileiro e do início do predomínio anarcossindicalista e, a seguir, a fundação da Confederação Operária Brasileira (COB), em 1908 —, seu exame do processo histórico que desembocou na fundação do PCB — Seção Brasileira da Internacional Comunista (IC), em março de 1922, enfatiza especialmente os anos de 1917-1921, período áureo do movimento operário-sindical na primeira fase da história republicana. Aliás, é também o momento que sua militância se tornou mais intensa e no qual desempenhou vigorosa atividade intelectual como jornalista, publicista e ideólogo no movimento anarquista.

De fato, o período áureo do movimento operário-sindical, sob o comando do anarquismo, deu-se na conjuntura histórica dos anos 1917-1920 — nela houve um aumento exponencial de ações reivindicativas expressas em um grande número de greves em São Paulo e no Rio de Janeiro, mas que também alcançaram outras cidades como Curitiba e Porto Alegre — algumas ganharam proporções consideráveis, transformando-se em greves gerais, como foi o caso das greves de julho de 1917 e as de maio e outubro de 1919, na cidade de São Paulo, que chegaram a paralisar quase toda a cidade ou extrapolaram, até mesmo, seus limites. Os anarquistas tiveram importante papel naquele momento, impulsionando a organização sindical e "o surgimento de uma imprensa operária de maior amplitude", além do direcionamento dos movimentos paredistas por aumento de salários e melhores condições de trabalho[2].

Simultaneamente, a partir de 1917, o movimento operário-sindical no país, sobretudo do Rio de Janeiro e São Paulo, recebeu o impacto da Revolução de Outubro na Rússia. As repercussões da revolução bolchevique, sem dúvida, animaram as lideranças anarquistas e socialistas que estavam à frente das lutas e organizações de vários setores dos trabalhadores.

Num primeiro momento, os militantes, os anarquistas nomeadamente, tiveram da revolução uma imagem muito vaga, imprecisa e confusa — acreditavam ser a Revolução Russa de caráter libertário, saudando-a com entusiasmo em sua imprensa, como registrou Astrojildo Pereira em seu testemunho. Essa crença manteve-se viva durante alguns anos, até os primeiros meses de 1920.

---

[2] Boris Fausto, *Trabalho urbano e conflito social* (São Paulo, Difel, 1976), p. 159.

Ao longo desses anos, jornais e periódicos anarquistas publicaram artigos e reportagens sobre a revolução bolchevique, a revolta espartaquista na Alemanha, os conselhos italianos, a comuna húngara, além de artigos de líderes comunistas. O semanário *Spartacus*, do Rio de Janeiro, publicou, em 1919, a *Mensagem aos trabalhadores americanos* e *A democracia burguesa e a democracia proletária* de Lênin e o artigo "Grande época" de Leon Trótski; foram publicados ainda nos vários órgãos da imprensa anarquista — *A Hora Social*, *Alba Rossa*, *Vanguarda* e outros — textos de Rosa Luxemburgo, Máksim Górki, Clara Zetkin, Losovski, etc. Além dessas, várias outras manifestações de apoio à revolução foram emitidas. O III Congresso Operário Brasileiro, realizado em 1920 no Rio de Janeiro sob direção anarquista, declarou "sua expectativa simpática em face da III Internacional de Moscou, cujos princípios gerais correspondem verdadeiramente às aspirações de liberdade e igualdade dos trabalhadores de todo o mundo", registrou Astrojildo Pereira. E mais, a ambiguidade dos militantes anarquistas era tal que, em novembro de 1918, tentaram desencadear um levante (organizado por um punhado de ativistas libertários) no Rio de Janeiro, com o fito de tomar o poder estatal, imitando a tomada do Palácio de Inverno na Rússia — denunciada, a pretensa revolução proletária foi abortada e seus conspiradores encarcerados, entre eles Astrojildo Pereira. No ano seguinte, 1919, líderes anarquistas fundaram um Partido Comunista do Brasil de caráter libertário, que teve, evidentemente, vida curtíssima.

Se, por um lado, essas manifestações todas eram sinais de mudanças de orientação significativa na vanguarda libertária, por meio da infiltração das concepções bolcheviques no seio do movimento anarquista, por outro, revela a confusão reinante nas concepções daquela militância. Ou seja, como explicar que tais proposições — forma partido, ditadura do proletariado, conquista do Estado e sua instrumentalização para abolir o capitalismo e a opressão de classe, etc. — penetraram e foram absorvidas nas fileiras anarquistas. Na verdade, revela como o movimento anarquista, no Brasil, tinha características bastante peculiares. O anarquismo, como também o socialismo, estava impregnado por um "ecletismo ideológico", no qual se mesclavam elementos ou traços da cultura política liberal, republicana, jacobina, libertária, igualitária, positivista, evolucionista, monista, maçônica. Um anarquismo esquisito, um tanto quanto bizarro — "antes de terem sido anarquistas, anarcossindicalistas, socialistas legalitários ou possibilistas ou comunistas, uns e outros foram vítimas desse ecletismo ideológico, tendo suas ações por eles influenciadas até o final de suas carreiras de militantes políticos"[3].

Observe-se que nesse momento, a partir de 1919 especialmente, houve um refluxo das mobilizações e dos movimentos paredistas, provocado pela brutal repressão desencadeada pelo regime oligárquico e pelo empresariado, com a prisão de lideranças, o fechamento de sindicatos, o empastelamento de jornais, a expulsão de estrangeiros do país e de outras medidas de força. A reação estatal e patronal, que levou ao declínio das mobilizações dos trabalhadores, por sua vez implicou o incitamento à militância, sobretudo os líderes mais ativos, à necessidade de discutir os motivos e as dimensões da crise e a buscar respostas para reorientar as formas organizativas e de intervenção.

A discussão envolveu diferentes problemas, entre eles, alguns dos quais polarizariam o debate, como foi o caso da questão da organização, tanto sindical quanto do partido político revolucionário — envolveu, por seu turno, juízos e atitudes sobre o caráter da revolução bolchevique e o programa da IC. Dessa forma, ante a crise e a busca de alternativas para sua superação, a barafunda político-ideológica começou a ser desfeita com a recepção de análises e informações do exterior e da abertura de discussões nos sindicatos e na imprensa anarquista — ressalte-se que um veículo importante nesse debate foi o jornal *Voz do Povo*, órgão da Federação dos Trabalhadores do Rio de Janeiro, para o qual Astrojildo Pereira "colaborou com vários contos de réis que ganhara na loteria"[4].

---

[3] Michel Zaidan Filho, *O PCB e a Internacional Comunista (1922-1929)* (São Paulo, Vértice, 1988), p. 12-3.

[4] John Foster Dulles, *Anarquistas e comunistas no Brasil (1900-1935)* (trad. César Parreiras Horta, Rio de Janeiro, Nova Fronteira, 1977), p. 106.

Por meio de diversos pseudônimos, Astrojildo Pereira teve marcante intervenção nos debates no ano de 1920. Num dos primeiros deles afirmava que,

> do ponto de vista pelo qual julgamos nós realizada a revolução sem passar pela posse do poder político fazendo-a diretamente de baixo para cima, faliu, porque está comprovado não só pela revolução do Oriente como também pelas atuais lutas do Ocidente, que o comunismo não se organiza pela espontaneidade popular.[5]

A essas concepções manifestas no interior do movimento, que propunham repensar as formas organizativas e de ação política, contrapunham-se os militantes libertários que mantinham fidelidade aos princípios anarquistas. Contrários, opunham-se à orientação de modo diferenciado e às vezes ainda confusos, como, por exemplo, os que continuavam acreditando que os trabalhadores só poderiam se emancipar pela

> Ação Direta, pelas batalhas sindicais, pelas greves revolucionárias [...] nada de panos mornos como o parlamentarismo e outros quaisquer socialismos, à exceção do marxismo, que é genuinamente revolucionário, conduzindo as massas à subversão como aconteceu com os russos em outubro de 1917. [...] Todo partido é uma estreiteza; a grandeza do ideal revolucionário não pode ser comportada dentro de facções mesquinhas como partidos e parlamentos.[6]

Os militantes que acreditavam na necessidade de mudanças de orientação, por seu turno, apresentam-se na discussão respondendo às acusações e críticas, expondo mais claramente suas ideias e objetivos: "Os marxistas, até os mais extremados discípulos de Marx e Engels, tais como Lênin, Trótsky, Radek [...] todos ainda hoje aceitam, para o preparo da revolução, a luta no terreno político-parlamentar, ao lado da

---

[5] Astrojildo Pereira (Isidoro Augusto), "Anarquistas e bolchevistas", *Voz do Povo*, 8 jul. 1920.
[6] Octávio Brandão, "Aos trabalhadores do Brasil", *Voz do Povo*, 22 ago. 1920, p. 2.

luta econômica", e conclui esclarecendo que propugnavam, como alternativa possível, "uma ditadura proletária, socializante, em substituição à atual ditadura burguesa".[7]

Com o andamento da luta político-ideológica, o debate tornou-se cada vez mais acirrado. Os militantes passaram à crítica aos dissidentes do anarquismo que defendiam a forma partido e a estratégia bolchevique. Um conhecido líder anarquista, Florentino Carvalho, em artigo no periódico *A Obra* (15 set. 1920), afirmava que, não obstante a Revolução Russa, seus princípios e transformações terem entusiasmado libertários tornava-se necessário alguns esclarecimentos, dado que "havendo no Rio alguns libertários militantes que tomam a nuvem por Juno, isto é, confundem a Revolução Russa com o Estado burocrático estabelecido". Além disso, defendem "a organização de um partido socialista-marxista, o qual teria por fim, entre outras coisas, a conquista do Estado burguês, empregando o processo eleitoral, transformando-o em Estado maximalista". Conclui afirmando que a ação daqueles militantes além de produzir a cisão nas fileiras libertárias, constituía uma traição aos princípios e à causa da emancipação humana.

A luta político-ideológica que se travava foi permeada por incompreensões e dificuldades, provavelmente pela escassez de informações ou por limitações teórico-políticas, mas com o andamento do debate as posições foram se demarcando. Um momento crucial do debate e das dissenções viria a ocorrer no início de 1922, quando a divisão foi consumada — os dissidentes libertários, convertidos ao bolchevismo, lançaram, no Rio de Janeiro, a revista *Movimento Comunista*, com o fito de divulgar as concepções teórico-ideológicas e o projeto sociopolítico da III Internacional, bem como ser um órgão aglutinador dos grupos comunistas dispersos em diferentes cidades e regiões do país. Em seu primeiro número (jan. 1922), anunciou suas finalidades de maneira direta e objetiva, afirmando que o

---

[7] Astrojildo Pereira (Ávila), "Carta aberta a Otavio Brandão", *Voz do Povo*, 30 ago. 1920, p. 2.

mensário tinha como objetivo defender e propagar o programa da IC, isto é, a defesa "do princípio da ditadura do proletariado" e a organização de um partido com base "num mesmo programa ideológico, estratégico e tático, das camadas mais conscientes do proletariado" (p. 1-2).

Os militantes que haviam se distanciado do anarquismo e do socialismo, a partir de 1921, começaram a desenvolver atividades com o objetivo de constituir no Brasil um partido revolucionário, baseado nos princípios da IC, reunindo núcleos e ativistas comunistas de diversos estados e localidades. Nesse sentido, Astrojildo Pereira tomou providências para aglutinar no Rio de Janeiro um conjunto de militantes, visando formar um grupo comunista. Em 7 de novembro de 1921 — no quarto aniversário da Revolução de Outubro — reuniram-se, no Centro Cosmopolita, doze militantes e fundaram um Grupo Comunista. A seguir, o grupo do Rio de Janeiro estabeleceu contatos com outros núcleos e centros do movimento operário de diversas regiões do país, divulgando o programa da IC (21 cláusulas) e as recomendações para se organizarem — nos meses seguintes, articularam os grupos já existentes e incentivou-se a criação de outros.

As informações sobre a formação desses grupos são bastante precárias. Astrojildo Pereira não forneceu muitos dados sobre como foram estruturados, quais eram as origens de seus integrantes, o número de militantes, etc. Algumas narrativas posteriores, presentes em memórias, relatam episódios — alguns curiosos e de veracidade questionável — como foi o caso de Afonso Schmidt sobre um suposto enviado da IC (conhecido como *O Cometa de Manchester*), que no início de 1921 teria estado em São Paulo para fazer contato com lideranças e fundar uma seção do *Komintern* no Brasil — ele teria se reunido com Astrojildo Pereira (que nunca confirmou, nem tampouco desmentiu a versão de tal encontro), indicado por Edgard Leuenroth[8]. Uma outra versão foi aventada por

---

[8] Edgard Carone, *Classes sociais e movimento operário* (São Paulo, Ática, 1989), p. 90-1; John Foster Dulles, *Anarquistas e comunistas no Brasil (1900-1935)*, cit., p. 138-9.

Dario Canale[9], que apontou o papel direto da IC na fundação do PCB, fiando-se em depoimento, dado ao autor, por Rodolfo Ghioldi (dirigente do Partido Comunista da Argentina), no qual afirma que esteve no Rio de Janeiro no início de 1922, como representante da IC na América Latina, ocasião em que fez contato com Astrojildo Pereira e Octávio Brandão para a criação de uma seção brasileira da III Internacional — tanto um como o outro nunca fizeram menção ao referido encontro, que parece ser mais uma das lendas do movimento comunista. Essa versão, assim como a anterior, foi refutada pelas pesquisas e análises de Michel Zaidan Filho[10].

Sobre a constituição do Grupo Comunista de São Paulo, sabe-se que Astrojildo Pereira esteve na cidade no início de 1922, reuniu-se com alguns militantes e fundaram o núcleo paulista. Já com relação aos grupos de Santos e Juiz de Fora, quase nada se sabe de suas origens e composição. O de Cruzeiro (SP) foi organizado a partir da União Operária Primeiro de Maio, fundado em 1917. Em Recife, o Círculo de Estudos Marxistas, organizado por Cristiano Cordeiro e Rodolfo Coutinho em fins de 1919, foi transformado em Grupo Comunista em 1º de janeiro de 1922, após reunião com cerca de trinta militantes, na qual foram lidas e aprovadas as 21 cláusulas da III IC. O Grupo Comunista de Porto Alegre, também constituído nesse momento, teve origem na Liga Comunista de Livramento, fundada por Santos Soares em 1918, no Centro Comunista de Passo Fundo e na União Maximalista de Porto Alegre, fundada por Abílio de Nequete em 10 de novembro de 1918 e que mantinha contatos com a Agência de Propaganda para a América do Sul, órgão da IC, além de divulgar literatura marxista editada em Montevidéu e Buenos Aires.

Em fevereiro de 1922, os entendimentos entre os diversos grupos foram acelerados — tendo à frente os do Rio de Janeiro e Porto Alegre — a fim de realizar um congresso fundador do PCB. A urgência, como informou Astrojildo Pereira, deveu-se ao fato da proximidade do IV Congresso

---

[9] Dario Canale, "Origens do PCB", *Voz da Unidade*, n. 94, 23-29 mar. 1982, p. 9.
[10] Michel Zaidan Filho, *O PCB e a Internacional Comunista (1922-1929)*, cit., p. 17-8.

da IC e da necessidade do envio de delegado a Moscou para representar o PCB e solicitar seu reconhecimento como seção brasileira.

O Congresso foi instalado em 25 de março, na sede da União Operária do Rio de Janeiro, com a presença de nove delegados, representando os grupos comunistas, à exceção dos grupos de Santos e Juiz de Fora que não puderam enviar representantes. Deles, sete eram originários do anarquismo e dois (Abílio de Nequete e Manuel Cendon) provinham do socialismo — dois eram funcionários públicos, dois alfaiates, um vassoureiro, um eletricista, um gráfico, um jornalista e um ferroviário — quase todos, portanto, ligados ao artesanato e aos serviços, nenhum à grande indústria manufatureira ou mecanizada; isso pode ser um indício do que foi gestado no seio do capitalismo incipiente ou à parte do operariado da moderna indústria plenamente capitalista.

No congresso de fundação do Partido Comunista do Brasil (PCB), Seção Brasileira da Internacional Comunista, ficou estabelecido que seriam aceitas as 21 condições da IC para os partidos a ela filiados; foram aprovados os estatutos (uma adaptação dos estatutos do Partido Comunista da Argentina), nos quais estava definida a estrutura partidária e outros aspectos; os objetivos do partido estavam definidos no art. 20: ele rezava que seu propósito seria o de intervir como agente político do proletariado, além de defender a solidariedade internacional dos trabalhadores. E como partido da classe operária foi organizado "com o objetivo de conquistar o poder político pelo proletariado e pela transformação política e econômica da sociedade capitalista em comunista"[11].

A fundação da Seção Brasileira da IC, o PCB, teria sido, fruto de uma necessidade histórica, desdobramento natural do amadurecimento do movimento operário, nos anos 1917-1920, da crise do anarquismo nele majoritário e dos reflexos da Revolução Russa — essa versão, que se tornou preponderante nas explicações histórico-políticas, foi incorporada como fidedigna e inconteste, pois difundida pelo personagem principal

---

[11] *Movimento Comunista*, n. 7, jul. 1922, p. 16.

dessa história, Astrojildo Pereira. Já no calor da hora, atestou que no país nunca teriam existido "partidos ou correntes sistemáticas propriamente socialistas". E ainda: "Todo o movimento proletário revolucionário no Brasil tem sofrido só a influência quase exclusiva dos anarquistas". Consequentemente a crise enfrentada pelo movimento operário seria única e exclusivamente "uma crise de anarquismo". Assim, esta crise, "latente desde o advento do bolchevismo, chega a um desfecho lógico, com a constituição do partido comunista composto, em sua quase totalidade, de elementos de formação anarquista"[12].

Essa versão, entretanto, precisa ser relativizada ou matizada, dado que é datada, construída pela necessidade de legitimação de um partido recém-fundado e, também, pela necessidade de estar alinhada com os ditames da IC nas circunstâncias da época. Reelaborada em artigo de 1952 ("Antecedentes da fundação do PCB") que integra o livro *Formação do PCB*, foi atualizada e acentuada, possivelmente para adaptá-la àquele momento da história do partido e do movimento comunista internacional. Não resta dúvida de que a maioria dos militantes e dirigentes do PCB eram oriundos do anarquismo, porém, muitos deles ou tinham influência socialista ou ingressaram na militância a partir das repercussões da revolução bolchevique (Rio Grande do Sul e Pernambuco, por exemplo). O legado anarquista foi exagerado por Astrojildo Pereira, o que é compreensível dada sua origem ideológica — havia, "entre os fundadores do PCB, bom número de militantes socialistas e sindicalistas; com as novas adesões, os novos militantes" foram iniciados já no marxismo[13].

A propósito, Astrojildo Pereira insiste em apontar, em certas passagens dos textos que compõem esta coletânea, a ausência de uma tradição marxista, as debilidades teóricas de seus dirigentes e as deficiências ideológicas da militância. De fato, essa situação advinha, possivelmente, da

---

[12] Astrojildo Pereira, "Não nos assustemos com o debate", *Movimento Comunista*, ano I, n. 3, p. 6-7, mar. 1922.
[13] Edgard Carone, *O PCB (1922-1943)* (São Paulo, Difel, 1982), p. 3.

pauperização cultural do país; mas era também derivada das dificuldades de acesso à bibliografia publicada em outros países, na Europa em particular, e em outras línguas — as obras de autores marxistas acessíveis eram, comumente, importadas da Argentina e do Uruguai em espanhol ou em francês, línguas que pouquíssimos dominavam. O *Manifesto do Partido Comunista* de Marx e Engels, por exemplo, só foi publicado no Brasil em 1924, numa tradução de Octávio Brandão; outros textos acessíveis aos comunistas, nos anos 1920, eram obras de divulgação ou doutrinários, como *O ABC do comunismo* e o *Comunismo científico* de Bukharin, *Noções de comunismo* de Charles Rappaport e mais um ou outro. As carências teórico-políticas dificultavam sobremaneira a intervenção sociopolítica, obrigando dirigentes e militantes a se moverem, muitas vezes, pela simples intuição ou pelo bom senso.

Mas, se por um lado o movimento anarquista e seus militantes eram extremamente ativos, eles eram numericamente parcos e se tratava, em grande medida, de um anarquismo atípico, ideologicamente compósito, resultante de um caldo de cultura, de certa forma, excêntrico. Ademais, cumpre lembrar, sem menosprezar a relevância do anarquismo, que ele não foi majoritário no movimento operário — as organizações de trabalhadores foram, durante toda a primeira fase republicana, majoritariamente dirigidas pelo sindicalismo amarelo, pelo mutualismo, pela Igreja católica, pelo trabalhismo, pelos positivistas, etc. — líderes socialistas e trabalhistas tiveram papel importante, inclusive no Parlamento, na defesa de reivindicações dos trabalhadores, entre eles: Maurício de Lacerda, Nicanor Nascimento, Evaristo de Morais, Agripino de Nazaré, Everardo Dias, Joaquim Pimenta, Leônidas de Rezende e muitos outros.

Uma das primeiras providências da direção do PCB foi enviar representante ao IV Congresso da IC que seria realizado em Moscou no final de 1922 — o indicado foi Antonio Bernardo Canellas, ex-anarquista que se encontrava em Paris. Canellas, entretanto, criou vários problemas ao advogar concepções político-ideológicas consideradas incompatíveis com os princípios do *Komintern*. Em função do quiproquó criado pelo representante brasileiro, a comissão encarregada das questões sul-americanas — integrada, entre outros, por Antonio Gramsci, Eugênio Varga e Penelon — apontou que o PCB, por não ser "ainda um verdadeiro Partido Comunista", por conservar "restos da ideologia burguesa", salvaguardados pela "presença de elementos da maçonaria e influenciados por preconceitos anarquistas", não deveria ser admitido como membro pleno; foi aceito, provisoriamente, apenas como órgão simpatizante[14]. De volta ao Brasil, Canellas foi duramente criticado e, a seguir, expulso do partido. O PCB só seria aceito como membro pleno da IC, em 1924, no seu IV Congresso que aprovou relatório de Rodolfo Ghioldi propondo o reconhecimento cabal do PCB pela III Internacional.

Mesmo com seu reconhecimento como seção nacional da IC, as relações entre o PCB e o *Komintern* continuaram sendo precárias e pouco estreitas — e não sofreu grandes alterações após a criação do Bureau Latino-americano (1926) — até o final da década ou, pelo menos, até 1929. Fato que permitiu ao PCB, nos anos 1920, manter uma certa autonomia, tanto na elaboração política, como em sua práxis.

Foi isso que possibilitou, por exemplo, a implementação de uma política de unidade sindical com os denominados sindicalistas amarelos. Em 1923, um acordo com Sarandy Raposo, presidente da Confederação Sindicalista Cooperativista Brasileira, permitiu aos comunistas o acesso ao jornal *O País*, com direito a uma página diária para divulgar posições do partido[15]. Em 1927, numa aliança com Leônidas de Rezende (positivista insuspeito e convertido ao marxismo) passou a valer-se do diário legal *A Nação*.

Além do mais, essa autonomia, mesmo que relativa, propiciou a elaboração, no II Congresso em 1925, de uma estratégia denominada revolução democrático-pequeno-burguesa, que implicava uma política de alianças com o movimento político-militar do tenentismo — pressupunha a ocorrência de uma terceira revolta, por meio da qual seriam criadas

---

[14] Idem, *Classes sociais e movimento operário*, cit., p. 116.
[15] Idem, *O PCB (1922-1943)*, cit., p. 4.

as condições para o desencadeamento de um processo revolucionário por parte do proletariado, dirigido por sua vanguarda, o PCB. Política esta que daria origem ao Bloco Operário em 1927, convertido em Bloco Operário e Camponês (BOC) em 1928, frente única legal e eleitoral; além de facultar a aproximação dos comunistas com o principal líder do tenentismo, Luiz Carlos Prestes.

Essa política, atribuída a Octávio Brandão e que teria derivado de um estudo seu, denominado *Agrarismo e industrialismo* e que seria publicado em 1926, sob o pseudônimo de Fritz Mayer, teve de fato colaboração imprescindível de Astrojildo Pereira, que nunca fez questão de reivindicar coautoria.

Nas resoluções do III Congresso, realizado na passagem do ano de 1928 para 1929, manteve-se a concepção da terceira revolta ou da previsão de uma "terceira explosão revolucionária", que seria a continuidade radicalizada dos movimentos político-militares de 5 de julho de 1922 e 1924 — com essa perspectiva, a tática do PCB deveria subordinar-se àquela "etapa estratégica da mobilização das massas, a fim de conquistar, por etapas sucessivas, não só a direção da fração proletária, mas a hegemonia de todo o movimento", foi o que testemunhou Astrojildo Pereira.

A breve fase autônoma chegou ao fim nos anos 1929-1930. Daí em diante, o PCB foi subordinado às diretrizes políticas da IC, definidas em seu VI Congresso (1928), para os países coloniais, semicoloniais e dependentes, nos quais a etapa atual da revolução deveria ter um caráter democrático-burguês, anti-imperialista e antifeudal. Essas teses foram adaptadas aos países da América Latina pelo representante da IC, o suíço Jules Humbert Droz, que por sua vez fez severas críticas à estratégia do PCB — de uma revolução democrático-pequeno-burguesa, em especial, à sua operacionalização através do BOC. Críticas essas que foram reiteradas de forma mais acentuada na I Conferência Latino-Americana dos Partidos Comunistas, realizada em julho de 1929 em Buenos Aires.

Decorridos alguns meses, em abril de 1930, o jornal *A Classe Operária* publicou "Resolução da IC sobre a questão brasileira", na qual teses aprovadas no III Congresso do PCB eram acusadas de oportunistas e o BOC um instrumento para subordinar o proletariado aos ditames da burguesia; indicava ainda que o PCB deveria se preparar para assumir a direção da revolução democrático-burguesa, passível de ser desencadeada em futuro próximo, que, por seu turno, criaria as condições para a transição à instauração de uma República Operária e Camponesa — entretanto, para que isso fosse possível, o partido precisaria realizar um movimento, ao mesmo tempo, de proletarização de seus quadros e de depuração de seus dirigentes de todos os elementos liquidacionistas e oportunistas de direita, que viviam a reboque das massas[16].

O processo de bolchevização do PCB e seu enquadramento pelo *Komintern* seria concluído na Conferência do Secretariado Sul-Americano da IC — naquele momento capitaneado por August Guralski —, realizado em maio de 1930 em Buenos Aires, no qual foram realizadas críticas duríssimas à direção da Seção Brasileira (Astrojildo Pereira e Octávio Brandão em particular, acusados de mencheviques, reformistas, oportunistas de direita, entre outros adjetivos) — no final de 1930, Astrojildo Pereira foi destituído da Secretaria-Geral do PCB, do Comitê Executivo da IC e de seu Secretariado Sul-Americano.

Afastado de suas funções diretivas, isolado e detratado, Astrojildo Pereira, após breve estadia em São Paulo para onde fora enviado para "reabilitar-se", afastou-se do partido que fundara, em meados de 1931. Desligado do PCB, voltou às suas origens em Rio Bonito e depois no Rio de Janeiro, dedicando-se ao trabalho em um negócio familiar (comércio de bananas) e, nas horas vagas, às leituras e produção intelectual.

Em 1945 voltou ao cenário político, ao participar do Congresso Brasileiro de Escritores e da Esquerda Democrática (espécie de sublegenda da UDN e gérmen do PSB). Ao solicitar, ainda naquele momento, o reingresso no PCB, foi-lhe exigida — pelos novos dirigentes prestistas —

---

[16] Dario Canale, "A Internacional Comunista e o Brasil (1920-1935)", em José Nilo Tavares (org.), *Novembro de 1935* (Petrópolis, Vozes, 1985, p. 93-143), p. 110-1.

"humilhante carta de autocrítica"[17]. Nas décadas seguintes, até seu falecimento em 1965, ocuparia apenas postos secundários ou como coadjuvante no partido de Prestes, Arruda Câmara, Amazonas, etc. Somente com a abertura do processo de renovação, iniciado com a Declaração de Março de 1958, é que voltaria à direção, mas como mero suplente do Comitê Central.

A reedição de *Formação do PCB*, no momento em que se comemora o centenário de fundação do partido do qual Astrojildo Pereira foi o principal protagonista de sua criação, além de ser uma homenagem mais que justificável, recoloca a questão histórico-política da luta pela emancipação das classes subalternas, num país iníquo ao extremo, com os direitos de cidadania constantemente aviltados e com uma democracia contingente e restrita — foi justamente para tentar enfrentar e resolver esses problemas que Astrojildo Pereira procurou intervir como agente político e, inclusive, na constituição do PCB, que deveria ser instrumento de emancipação.

José Antonio Segatto

---

[17] Heitor Ferreira Lima. "Apresentação", em Astrojildo Pereira, *Ensaios históricos e políticos* (São Paulo, Alfa-Ômega, 1979, p. XI-XXXVIII), p. XXXI.

PREFÁCIO

Durante anos seguidos, a partir do período de legalidade do PCB, em 1945, tivemos ocasião de publicar em nossa imprensa numerosos artigos e notas concernentes à vida do Partido. Agora, quando o PCB atinge quarenta anos de existência, pareceu-nos de algum interesse reunir em volume uma parte desses artigos e notas já divulgados, e certamente mais ou menos esquecidos, que apresentamos a título de simples apontamentos para servir à história da formação do Partido. Submetemos o material aqui recolhido a cuidadosa revisão, acrescentando-lhe novos esclarecimentos e corrigindo o que exigia correção. São datados apenas os artigos mais antigos e reproduzidos sem modificações sensíveis; os demais datam de 1960 e 1961.

Muitos camaradas e amigos entendem que podemos (e até que devemos) escrever a história do Partido. Pessoalmente não nos sentimos com ânimo para enfrentar tamanha empresa, e pensamos mesmo que por enquanto é extremamente difícil senão impossível fazê-lo, pelo menos como trabalho individual. A documentação existente se encontra dispersa, exigindo prévio arrolamento e classificação, sem o que será sempre precário o trabalho dos historiadores. Nem nos esqueçamos que o PCB, em quarenta anos de vida, passou pelo menos 35 na ilegalidade, e que uma das regras mais elementares da vida ilegal consiste precisamente em reduzir ao mínimo certos documentos. Acreditamos, de tal sorte, que o melhor que se pode fazer desde já, como contribuição útil, necessária e relativamente fácil, é a elaboração de monografias sobre determinados períodos da vida do Partido (e bem assim sobre o movimento sindical e outros movimentos de massa), coletâneas de documentos, depoimentos pessoais, memórias, reportagens, etc. Contribuição igualmente possível será a publicação de ensaios parciais ou gerais sobre a história do Partido, tentativas provisórias de interpretação e de síntese. A história propriamente dita virá a seu tempo, como construção científica resultante da reelaboração de todos esses trabalhos prévios.

Este volume não pretende outra coisa senão servir de material a essa construção. E não será difícil perceber nestas páginas mais de uma sugestão para monografias e ensaios, como também para depoimentos, memórias, reportagens, etc. Tais sugestões serão outras tantas formas de estimular o aparecimento de novos materiais para a história do PCB. História, diga-se de passagem, rica de ensinamentos (inclusive em seus aspectos negativos), e que é parte integrante da história política e social do país a partir de 1922.

Limitamos o nosso trabalho ao período de formação do Partido, que é menos conhecido e sobre o qual podíamos prestar melhor depoimento, com algumas anotações críticas e autocríticas. O penúltimo capítulo, de resto, foi todo ele redigido, em 1954, com espírito e propósitos precisamente autocríticos. O último, datado de 1961, pretende contestar certas críticas incorretas. São ambos reproduzidos tais e quais, queremos supor que dando ao volume um fecho apropriado.

Se é possível tirar algumas lições das páginas que se vão ler, a principal delas será sem dúvida a seguinte: que a existência do Partido Comunista, genuína representação política da classe operária, é uma necessidade histórica inelutável, colocada perante os homens em determinada fase do desenvolvimento da sociedade. A história do PCB demonstra-o claramente: surgiu sob a forma de pequenos grupos de propaganda, menos de cem pessoas espalhadas por várias regiões do país, gente pobre, obscura, tolhida por mil dificuldades, a começar por sua impreparação teórica; mas o Partido vingou. Muitos e graves erros de orientação e de ação foram cometidos desde os primeiros dias de atividade do Partido; mas este sobreviveu a tudo, crescendo muito lentamente, todavia crescendo sempre e sempre. Seus anos de formação marcaram o seu destino, mostrando que ele estava definitivamente incorporado à vida brasileira. Suas insuficiências teóricas e seus erros de cálculo e de ação se fizeram sentir depois do III Congresso, como antes; mas o Partido marchou sempre para a frente, contra ventos e tempestades, encontrando em si mesmo os meios adequados de corrigir debilidades e faltas, com a aplicação dos métodos leninistas de crítica e autocrítica.

O fato é que o PCB se tornou um partido que pesa de maneira positiva e permanente na vida política nacional ampliando e aprofundando cada vez mais a sua influência no seio das massas populares. A razão fundamental desse fato é a que apontamos acima: como partido da classe operária, a sua existência constitui imperativo ineluctável do desenvolvimento da sociedade em dado período histórico. É claro que a existência de condições objetivas por si só não basta para explicar o surgimento do Partido; é preciso que tais condições objetivas se conjuguem a um mínimo de condições subjetivas, como sejam, em primeiro lugar, o espírito revolucionário e a vontade de luta em favor do socialismo. É o caso precisamente do PCB, cujos fundadores, se bem desaparelhados teoricamente, se sentiam animados por essas condições subjetivas elementares. A assimilação da teoria é aliás um processo que se desenvolve e se apura com o tempo, combinado o estudo dos livros com a experiência adquirida nas lutas da classe operária, das quais participe ativamente o Partido. Os quarenta anos de existência do PCB são uma comprovação ao vivo desse processo.

A. P.
Janeiro de 1962.

Greve geral de 1917, em São Paulo. Arquivo Edgard Leuenroth da Unicamp.

ANTECEDENTES DA FUNDAÇÃO DO PCB

O Partido Comunista do Brasil nasceu das lutas operárias que agitaram o país durante os anos de 1917 a 1920 e se formou sob a influência decisiva da Revolução Socialista de Outubro. O que quer dizer que nasceu e se formou já na época das guerras imperialistas e das revoluções proletárias. Mas, para melhor se compreender o processo da sua gestação e do seu aparecimento na arena política brasileira, como partido independente da classe operária, torna-se necessário proceder a um retrospecto histórico do movimento operário brasileiro — pelo menos, a partir de 1906. Essa data é muito importante, porque assinala o início, entre nós, de uma organização operária de âmbito nacional, qual seria a Confederação Operária Brasileira, só organizada em 1908, mas cujas bases haviam sido lançadas pelo Congresso Operário reunido no Rio de Janeiro, em 1906. Acresce, ainda, a circunstância, que é preciso igualmente levar em conta, de que o referido Congresso assinalou, do mesmo passo, o começo de todo um período de predomínio da influência anarcossindicalista no movimento operário brasileiro.

Desde muito antes, desde os primeiros anos da República, tentativas se fizeram, tendo por fim a organização do nascente proletariado brasileiro em partido político do tipo social-democrático ou trabalhista, estruturado principalmente sobre a base de associações profissionais, de beneficência ou de resistência, que já existiam ou começavam a existir. Nesse sentido, um congresso foi convocado e se reuniu, em 1892, na capital do país; mas, dessa iniciativa restou, apenas, o noticiário nos jornais do tempo. Dez anos mais tarde, e já com um caráter mais diferenciadamente político, reunia-se, em São Paulo, um congresso do Partido Socialista Brasileiro, o qual aprovou longo programa contendo uma série de reivindicações econômicas e políticas; mas também essa iniciativa dentro em pouco se desfazia em nada[1].

Iniciativas semelhantes se repetiam de tempos em tempos, antes e depois de 1906, sobretudo no plano estadual e mesmo municipal, para efeitos quase que só eleitorais; tudo, porém, sem produzir qualquer resultado perdurável. E cabe observar que mesmo no Congresso Operário de 1906 manifestou-se uma forte corrente favorável à formação de um partido político operário; mas, a corrente anarcossindicalista predominou ali de maneira irredutível, com o seu visceral preconceito "antipolítico". Nasceu, assim, em vez de um partido, a COB, central sindical inspirada nos moldes da CGT francesa.

Escaparia ao plano deste trabalho aprofundar o exame das causas de semelhante fato. Parece claro, porém, que ele se deve principalmente à própria estrutura econômica semifeudal do país e, em consequência, à própria formação do proletariado nacional, aliás quase todo de imediata origem camponesa e artesanal, inclusive o que provinha de correntes imigratórias, facilmente influenciável pela ideologia pequeno-burguesa do anarquismo. A par disso, no entanto, havia uma certa tradição de luta operária (já não falando das lutas seculares dos escravos), que vinha desde os meados do século passado — por exemplo, a grande greve dos tipógrafos do Rio de Janeiro, em 1858. Creio que este último fator explica em grande parte até que ponto o espírito de revolta reinante nas massas de trabalhadores — e produzido, obviamente, pelas duras condições de trabalho a que eram sujeitos — viria a favorecer entre nós o surto do anarquismo, uma vez que o socialismo, confuso e vago socialismo, se apresentava aqui quase sempre sob as vestes do mais frouxo reformismo, que apenas de nome ouvira

---

[1] "Efêmera foi a existência do Partido. Aos dirigentes faltou, desde logo, aquele entusiasmo salutar, que leva os indivíduos ao sacrifício. Houve inúmeras eleições, e eles não disputaram uma cadeira. Não fundaram jornais; o único que teve vida, e essa passageira, foi o *Avanti!*, redigido em italiano. Um ano, se tanto, e o Partido era fumo. Nada havia que denotasse a sua ação" (Antônio dos Santos Figueiredo, *A evolução do Estado no Brasil*, Porto, 1920, p. 169).

falar de Marx e do marxismo[2]. O que é fato é que o anarquismo, sobretudo em sua forma anarcossindicalista, predominou no movimento operário brasileiro durante os anos que vão de 1906 a 1920. Isto não quer dizer que todo o movimento operário e sindical estivesse debaixo da influência absoluta do anarquismo. Havia muitas associações operárias de tipo reformista, beneficente e mesmo de resistência, como se chamavam algumas delas, que nunca ou raramente aceitaram a orientação anarquista. Sendo que as de transportes urbanos, ferroviários, carregadores, portuários, etc. eram na sua maioria dominadas por velhos burocratas sindicais inteiramente a serviço dos patrões e dos governos.

O Congresso Operário de 1906 reuniu-se num período de animação do movimento operário. Nem fora esquecida ainda a grande greve dos cocheiros e carroceiros, em 1903, que tamanha atoarda suscitou na imprensa burguesa. Também em São Paulo, em 1905, se registrava uma greve de ferroviários da Companhia Paulista, que a polícia reprimiu com extrema brutalidade[3].

O Congresso, promovido pela Federação Operária Regional do Rio de Janeiro, reuniu-se precisamente em dias de abril daquele ano, com a participação de delegados de numerosos sindicatos dos estados, principalmen-

[2] Basta considerar que o *Manifesto Comunista* só se publicou no Brasil, sob a forma de livro, em 1924, editado pelo PCB (*Nota de 1952*) — Cabe acrescentar aqui um esclarecimento: o quinzenário *A Questão Social*, órgão do Centro Socialista de Santos, fundado pelo dr. Silvério Fontes, em 1895, anunciara a existência, na biblioteca do Centro, de muitas obras socialistas, entre elas o *Manifesto Comunista* de Marx e Engels, em edição presumivelmente vinda de Portugal. Acrescentemos ainda que o dr. Silvério Fontes, médico eminente em Santos, foi o primeiro socialista brasileiro de formação marxista, e como tal veio a dar a sua adesão ao PCB, em 1922. Esta última informação encontra-se no jornal *Praça de Santos*, de 28 de junho de 1928, ao dar notícia de seu falecimento, ocorrido no dia anterior, aos setenta anos de idade. (*Nota de 1960*)

[3] Sobre as greves operárias registradas no país a partir de 1900, ver os dados colhidos por H. Linhares e publicados no artigo — "As greves operárias no Brasil durante o primeiro quartel do século XX", *Estudos Sociais*, Rio de janeiro, n. 2. O livro de Everardo Dias, *O Socialismo no Brasil* (de que a *Revista Brasiliense* de São Paulo publicou uma série de capítulos, em números sucessivos), contém igualmente muitos dados sobre as greves operárias no Brasil.

te de São Paulo. Os delegados anarquistas, que, aliás, não constituíam maioria, mostravam-se mais combativos do que os não anarquistas e por isso mesmo dominaram o plenário, fazendo passar todas ou quase todas as suas teses e proposições. Mas a tarefa realmente importante, levada a efeito pelo Congresso de 1906, consistiu em ter lançado as bases da Confederação Operária Brasileira, organização sindical de âmbito nacional.

A COB organizou-se efetivamente em 1908, integrada por cerca de cinquenta associações sindicais do Rio, São Paulo, Bahia, Rio Grande do Sul, Pernambuco, etc. Estruturada à moda anarquista, isto é, na base pouco sólida de um federativismo extremamente frouxo, a COB concentrou a sua atividade quase que só em promover agitações populares de ordem geral. Nesse sentido, e a seu crédito, merecem menção: o movimento antimilitarista de 1908, de que nos ocuparemos mais adiante, e as demonstrações de protesto contra o fuzilamento de Francisco Ferrer, na Espanha, em 1909, as quais culminaram, no Rio, com um desfile pelas ruas do centro da cidade, calculando-se que 5 mil pessoas participaram do mesmo.

Seguiu-se um período estacionário, que durou até fins de 1912, quando, por iniciativa da Federação Operária do Rio de Janeiro, constitui-se uma comissão reorganizadora da COB, com o encargo de convocar um novo congresso sindical nacional. Para veículo de propaganda e preparação do congresso, a comissão organizadora fez reaparecer, a 1º de janeiro de 1913, o órgão da COB, *A Voz do Trabalhador*, que se publicou desde então como quinzenário, atingindo a sua tiragem até 4 mil exemplares, cifra considerável para a época.

Por essa ocasião, vigorosas manifestações se realizaram nos principais centros operários do país contra o projeto de lei de expulsão de estrangeiros, a qual visava, particularmente, aos militantes operários de outras nacionalidades aqui radicados. As classes dominantes conservaram-se insensíveis ao clamor dos protestos operários e fizeram o projeto passar a toque de caixa no Parlamento. A lei de expulsão fora exigida ao governo federal pelos magnatas das Docas de Santos, em represália aos frequentes movimentos grevistas que se verificavam no grande porto de Santos. A fúria reacionária nem sequer respeitava certas aparências, e assim é que obteve do governo a expulsão de dezenas de trabalhadores estrangeiros, ainda quando o projeto se achava em discussão no Parlamento, lançando-se mão, para consumar a violência, do mais baixo e ignominioso recurso — decretando a sua expulsão, não como grevistas, nem como revolucionários, mas como ladrões e cáftens[4].

Grande foi a indignação produzida nos meios operários por tão vergonhoso procedimento do governo. Por iniciativa da COB, levou-se a efeito um grande comício interestadual, convocado simultaneamente, para a mesma hora do mesmo dia (20 de maio de 1913), no Rio, em São Paulo, em Santos, em várias cidades de Minas e do Rio Grande do Sul. A COB chegou mesmo a enviar delegados seus a Portugal, Espanha e Itália, principais fontes de emigração para o Brasil, para narrar de viva voz, naqueles países, o que de verdadeiro se passava no Brasil, em matéria de respeito às liberdades democráticas, que a propaganda governamental brasileira apregoava na Europa, a fim de atrair braços para as fazendas de café, para os trabalhos de carga e descarga nos portos, para as fábricas de tecidos que começavam a desenvolver-se.

A carestia da vida, que então subia de maneira alarmante, foi também motivo de larga agitação popular em diversas cidades brasileiras, realizando-se numerosos comícios, principalmente no Rio, São Paulo, Rio Grande do Sul, Minas, Alagoas, promovidos pela COB. No Rio, cerca de quinze comícios de bairro foram efetuados, em preparação do comício central no largo de São Francisco, a 16 de março de 1913, do qual participou uma multidão superior a 10 mil pessoas, que depois desfilaram pelas ruas principais do centro.

Péssimas condições de trabalho, certos sinais de crise, a carestia crescente — eis aí os fatores que forçavam a classe operária a lutar em defesa dos seus interesses mais elementares. Sob a pressão de tais fatores e em

---

[4] Cáftens: indivíduos que exploram o comércio de meretrizes; rufiões. [N. do R.]

correlação com eles, crescia a sua combatividade, de que foi exemplo típico a greve nas Docas de Santos (1912), durante a qual se registraram sérios choques entre a polícia e os grevistas.

Cabe observar, também de um modo mais geral, que já o movimento revolucionário popular mexicano de 1910-1912, o advento da república portuguesa de 1910 e bem assim a extraordinária revolução chinesa de 1911 repercutiam entre nós como um estímulo vivo ao espírito combativo do nosso povo, tantas vezes posto à prova no passado, e ainda num passado relativamente bem próximo, como foi o caso do movimento contra a vacina obrigatória em 1904 e o da revolta dos marinheiros da esquadra nacional em 1910.

Com relação propriamente à classe operária, convém lembrar, como contraprova, o que foi a reunião, em 1912, do "congresso operário" dos pelegos daquele tempo. Tratava-se, evidentemente, de pura manobra governamental tendo em mira amainar o ânimo combativo que se desenvolvia entre as massas. Era preciso acenar demagogicamente com as promessas de melhores dias, com uma série de leis trabalhistas, com o velho conto da casa operária, etc. O deputado Mário Hermes, oficial do exército, filho do presidente da República, juntamente com outro oficial, o tenente Serra Pulquério, foram os instrumentos de que se serviu o governo Hermes para executar a sua política "operária". Os burocratas sindicais e os aventureiros, que sempre pululam nessas ocasiões, foram mobilizados e encarregados de montar o pomposo "congresso operário", o qual se reuniu nada menos que no Palácio Monroe, com todas as facilidades oficiais e oficiosas. Palhaçada ignóbil, a que a classe operária respondeu com indiferença, com desprezo — e que, ao cabo de algum tempo, dava em droga, como, aliás, era fácil de prever.

Mas esse congresso de burocratas e aventureiros teve o mérito, se assim se pode dizer, de espicaçar a vanguarda operária organizada na COB, contribuindo em boa parte para que se tomasse a iniciativa de convocação de um legítimo congresso operário, que veio a reunir-se em setembro de 1913. Foi este de fato um congresso operário nacional, dele participando mais de cem delegados, a maioria dos quais vindos de muitos estados, do Pará ao Rio Grande do Sul. Representou, sem dúvida alguma, um importante papel no conjunto do movimento operário brasileiro, sobretudo como fator de mútuo conhecimento, de congraçamento moral e de unidade nas lutas futuras. No entanto, do ponto de vista da orientação e dos métodos de organização, o Congresso de 1913 foi apenas uma confirmação e em certa medida um desdobramento do Congresso de 1906. Com a agravante — que hoje podemos perceber e caracterizar — de uma atitude em muitos casos ainda mais sectária e verbalista, como se pode verificar comparando as formulações adotadas nas teses de um e de outro.

A história do movimento operário brasileiro apresenta frequentes e significativos exemplos de luta contra as guerras e em defesa da causa da paz entre os povos. Não é difícil demonstrá-lo.

Já no Congresso de 1906, a moção adotada sobre a questão exprimia o sentimento dominante no seio da classe operária, ao considerar "que a guerra é um grande mal para os trabalhadores que lhe pagam todos os encargos com o seu dinheiro e o seu sangue" e a "incitar o proletariado à propaganda e ao protesto contra a guerra". É uma formulação vazada em termos gerais e sentimentais, mas nem por isso perde o seu valor como afirmação decidida contra os horrores da guerra.

Em 1908, jornais reacionários da Argentina e do Brasil, baseando-se em fúteis pretextos, lançaram-se numa campanha alarmista tendente a envenenar as relações diplomáticas entre os dois países — a serviço de escusos interesses, cuja origem se podia facilmente localizar: a diplomacia imperialista, empenhada em consolidar a sua dominação sobre a América Latina. O caso é que as ameaças de guerra pairavam no ar, e o governo brasileiro, alimentando a intriga e ao mesmo tempo aproveitando-se dela, fez passar no Parlamento uma lei estabelecendo o sorteio militar, coisa que as massas populares receberam com aversão. A COB, refletindo e interpretando essa aversão popular, promoveu uma campanha de agitação simultaneamente contra a guerra e contra a lei do sorteio. Criou-se uma Liga Antimilitarista, que editou um jornal de propaganda com o título *Não Matarás!*. Publicaram-se manifestos e volantes, realizaram-se comícios na praça pública e conferências nas sedes sindicais, tanto no Rio quanto em cidades dos estados. Em relatório sobre as atividades da COB nessa época, ficou registrada a seguinte informação: "A 1º de dezembro desse mesmo ano (1908) realizava a Confederação uma estupenda manifestação de protesto na qual tomaram parte cerca de 20 associações operárias do Rio e delegações de diversas sociedades de fora, formando um cortejo superior a 10.000 pessoas. E assim foi lançado pelo operariado brasileiro o primeiro grito de guerra contra a guerra".

O Congresso de 1913 aprovou longa moção, em que se dizia o seguinte: "... considerando que as guerras, com todos os seus horrores, são a sequência lógica das ambições burguesas em detrimento exclusivo da classe trabalhadora, que é a única que vai derramar o seu sangue na defesa de sinistros interesses que não lhe pertencem", o Congresso "aconselha ao proletariado do Brasil para, em caso de guerra externa, declarar-se em greve geral revolucionária". Linguagem tipicamente anarquista, mas, com tudo isso, exprimindo a seu modo o princípio de transformação da guerra externa imperialista em guerra interna revolucionária.

Durante todo o tempo da guerra imperialista de 1914-1918, mesmo depois que o Brasil se viu envolvido no conflito, em 1917, o proletariado brasileiro sustentou invariavelmente, pelos meios que lhe eram próprios e possíveis, a mesma posição de repúdio à guerra, de luta contra as suas consequências e pelo restabelecimento da paz. Os jornais operários que então se publicavam no Rio e nos estados refletiam nas suas colunas, pode-se dizer que unanimemente, esse estado de espírito de revolta contra a guerra e o capitalismo que a gerara.

Para exemplificar, citaremos desde logo as manifestações de rua levadas a efeito, no início da guerra, pelo proletariado de Santos. Mas foi a partir de 1915, ainda no primeiro trimestre, que a luta contra a guerra, pela paz, se ampliou e tomou o caráter de movimento nacional organizado.

A iniciativa desse movimento coube ao Centro de Estudos Sociais, que se achava estreitamente ligado à vida e à atividade dos sindicatos cariocas, funcionando na mesma sede da Federação Operária, localizada então na rua dos Andradas 87 (antigo largo do Capim). Aí se reuniram várias assembleias preparatórias e por fim, a 26 de março de 1915, uma grande assembleia de delegados de organizações sindicais e outras, bem como de representantes dos jornais operários e libertários que então se publicavam no Rio de Janeiro, deliberando-se criar uma Comissão Popular de Agitação contra a Guerra, composta pelos representantes das entidades presentes e de outras que lhe dessem posteriormente a sua adesão. Essa Comissão assumiu o comando do movimento, traçando para o então Distrito Federal o plano de uma série de conferências, palestras, assembleias sindicais, comícios populares, etc., em preparação de um grande comício no dia 1º de maio, que estava próximo, e que seria assim um 1º de Maio de luta pela paz. Deliberou-se igualmente publicar um manifesto sobre o problema da guerra e da paz, dirigido a todo o povo brasileiro.

Em São Paulo, foi o movimento imediatamente secundado, constituindo-se uma Comissão Internacionalista Contra a Guerra, à qual aderiram as seguintes organizações: Centro Socialista Internacional, Centro Libertário, Deutschen Graphischen Verbandes für Brazilien, Associação Universidade Popular de Cultura Racionalista, Allg Arbeiterverein, Círculo de Estudos Sociais Francisco Ferrer, Grupo Anarquista "Os Sem Pátria", União dos Canteiros, Federação Espanhola, os jornais *Avanti!*, *La Propaganda Libertária*, *A Lanterna*, *Volksfreund*. Preparando-se para as demonstrações de 1º de maio, a Comissão de São Paulo publicou um manifesto, datado de 8 de abril de 1915, o qual terminava com as seguintes palavras: "Em 1º de Maio, aproveitando a comemoração com que o proletariado afirma, em internacional manifestação, o seu direito à vida melhor, realizaremos nesta cidade, onde a guerra teve tão ruinosa repercussão no povo, lançando-o na miséria, a nossa primeira grande reunião pública pró-paz-Abaixo a guerra! Viva a Internacional dos Trabalhadores!".

No Rio, o comício de 1º de maio de 1915 foi, como se esperava, uma verdadeira demonstração de massa contra a guerra. Ao largo de

São Francisco, onde se realizou, acorreram milhares e milhares de trabalhadores, de homens e mulheres, que ali proclamavam o seu horror à guerra e a sua disposição de luta pela causa da paz. Um dos oradores procedeu à leitura do manifesto *Pela Paz!*, no qual se fazia uma análise das causas e dos efeitos da guerra e se expunham os fins da agitação em favor da paz que se iniciava no Brasil, a exemplo do que se estava fazendo na própria Europa em guerra e nas três Américas[5]. Por fim a massa aprovou por aclamação, com entusiasmo, a moção de encerramento do comício, em que se concluía, depois de uma série de outros considerandos:

> ... considerando tudo isso, a grande massa popular reunida no Largo de São Francisco de Paula, às 4 horas da tarde de hoje, em comício convocado pela Comissão Popular de Agitação contra a Guerra, representante de grande número de associações proletárias e libertárias desta cidade, resolve:
> 1º — Deixar lavrado o seu solene e público protesto contra o crime premeditado e praticado pela burguesia europeia;
> 2º — Declarar a sua solidariedade ao proletariado de todo o mundo e ao movimento internacional contrário à guerra e favorável à paz que neste momento começa agitar os povos dos países neutrais; e
> 3º — Concitar as classes trabalhadoras e todos os homens livres do Brasil a manifestar-se no mesmo sentido, por todos os meios possíveis, agitando, assim, a opinião pública nacional e criando um ambiente de profunda hostilidade e formal condenação à guerra e aos guerreiros, para que, obrigados por uma pressão popular universal, sejam os governos beligerantes levados a terminar, no mais breve espaço de tempo, a imensa, ruinosa e detestável matança que assola as terras da Europa.

---

[5] Firmavam o referido manifesto as seguintes entidades: Confederação Operária Brasileira, Federação Operária do Rio de Janeiro, Sindicato Operário de Ofícios Vários, Sindicato dos Operários das Pedreiras, Sindicato dos Panificadores, Sindicato dos Sapateiros, Centro dos Operários Marmoristas, Liga Federal dos Empregados em Padarias, Liga Internacional dos Pintores, União dos Alfaiates, Sociedade União dos Estivadores, Centro Cosmopolita, Liga Anticlerical, Sindicato dos Estivadores, Centro de Estudos Sociais e os periódicos *Na Barricada*, *A Vida*, *A Voz do Padeiro*, *O Clarim*.

Em seguida, a massa popular desfilou pelas ruas do Ouvidor, Uruguaiana, avenidas Rio Branco, Marechal Floriano, rua dos Andradas, até à sede da Federação Operária.

Nesse mesmo ano a COB tomou a si o encargo da preparação de um Congresso da Paz, que efetivamente se reuniu no Rio nos dias 14, 15 e 16 de outubro de 1915[6].

Além de delegações de São Paulo, Pernambuco, Alagoas, estado do Rio, Minas e Rio Grande do Sul, participaram do Congresso do Rio de Janeiro delegados da Argentina, de Portugal e da Espanha. No dia de sua inauguração, a COB lançou a público um manifesto em que concitava o "proletariado da Europa e da América a uma ação revolucionária que dê por terra com o atual estado de coisas, varrendo da face do mundo as quadrilhas de potentados e assassinos, que mantêm os povos na escravidão e no sofrimento". Os debates e resoluções do Congresso, imbuídos da ideologia anarcossindicalista, perderam-se, afinal de contas, em declarações verbais sem alcance prático. Visto com os nossos olhos de hoje, facilmente assinalamos as enormes debilidades de organização e orientação do Congresso da Paz de 1915; mas, ao mesmo tempo, devemos reconhecer que ele marcou, com incontestável relevo, uma posição decidida de luta contra a guerra imperialista e em defesa da paz e da liberdade.

Faltam-nos dados precisos sobre a atividade dos partidários da paz durante o ano de 1916 — a não ser os que nos oferecem por si mesmos os jornais operários, sendo certo que estes jornais, na sua quase totalidade, mantinham firme a bandeira da paz, por meio de artigos, comentários, notas, etc. Mas, os primeiros meses de 1917 assinalam, no Rio de Janeiro, o recrudescimento da campanha contra a guerra, e agora estritamente ligada a uma enérgica agitação contra a carestia da vida. Durante os meses de março e abril desse ano, a Federação Operária local promoveu a realização de numerosos comícios pelos diversos bairros da cidade, e a 18 de abril,

---

[6] Para mais pormenores sobre este Congresso, veja-se a reportagem publicada na *Voz Operária*, n. 4, nov. 1950.

numa grande assembleia em sua sede, foi aprovada uma mensagem, que se enviaria ao Presidente da República, na qual se protestava firmemente contra a eventualidade da entrada do Brasil na guerra e se sugeriam medidas tendentes a avaliar a crise econômica e financeira, cujos efeitos recaíam principalmente sobre as costas dos trabalhadores. A comemoração do 1º de Maio de 1917 no Rio de Janeiro transcorreu igualmente sob o signo da luta contra a carestia, com impressionante desfile operário pelas ruas da capital.

E quando, finalmente, em outubro de 1917, o governo brasileiro, cedendo à pressão imperialista, entrou na guerra, a classe operária não se afastou uma polegada da posição de luta pela paz mantida sem desfalecimento desde o início das hostilidades entre os dois grupos imperialistas. Um periódico progressista que então se publicava na capital do país[7], e que mantinha ligações de simpatia no movimento operário, publicou o seu editorial com um título que equivalia a uma reafirmação inequívoca dos sentimentos não só da classe operária, mas também de todo o povo brasileiro — "O Brasil não quer a guerra".

Em suma, podemos afirmar que os melhores elementos do proletariado, os mais capazes e combativos, mantendo-se fiéis ao internacionalismo proletário e condenando tenazmente a guerra imperialista, conseguiram realizar, durante a Primeira Guerra Mundial e sem embargo das debilidades e deformações da ideologia anarcossindicalista, uma tarefa meritória de mobilização das massas populares no sentido da luta em defesa da paz. Essa tarefa, levada por diante nas condições tão difíceis de nosso país, contribuiu sem dúvida a um proveitoso esforço de compreensão dos objetivos da Revolução de Outubro, que o proletariado brasileiro recebeu e saudou, com entusiasmo, desde o primeiro momento, como o próprio início da grande e sonhada revolução social internacional.

As notícias relativas à insurreição e à conquista do poder pela classe operária russa, guiada pelo Partido Bolchevique, eram acompanhadas com

---

[7] *O Debate*. Devemos citar, também, a *Semana Social*, jornal operário de Maceió que tomou posição decidida contra a guerra e por isso mesmo foi fechado pela polícia.

imenso e apaixonado interesse pelos trabalhadores do Brasil. A imprensa burguesa apresentava tais notícias caluniosamente, deformando os fatos, torcendo o sentido dos acontecimentos revolucionários que se desenrolavam na Rússia; mas, o leitor operário, levado por seu instinto de classe, sabia descobrir o que havia de verdadeiro no cipoal confuso do noticiário transmitido pelas agências imperialistas. Por outro lado, os pequenos e pobres jornais operários, que se publicavam nas principais cidades brasileiras, rebatiam as mentiras, calúnias e deformações veiculadas pela imprensa burguesa, procurando, com os escassos elementos de que dispunham, mostrar a significação e natureza dos fatos que se sucediam no antigo império dos tzares. Deve-se recordar, nesse sentido, um folheto saído a lume, no Rio, em janeiro de 1918, sob o título *A Revolução Russa e a imprensa*, no qual precisamente se defendia a Revolução de Outubro contra as calúnias mais grosseiras divulgadas pelos jornais da reação burguesa. Boletins e volantes foram igualmente publicados com o mesmo propósito.

É certo que em muitas dessas publicações havia a suposição de que se tratava de uma revolução de tipo libertário, abrindo caminho ao anarquismo; mas isso resultava simplesmente da completa ignorância, reinante em nosso meio, acerca do Partido de Lênin e Stálin e da posição realmente e consequentemente revolucionária que o mesmo sustentara, durante anos, nos quadros da II Internacional. O que se sabia desta última era que se tornara um reduto do mais podre oportunismo reformista, como a guerra aliás viera confirmar de maneira definitiva. E o que se sabia e se compreendia da Revolução Russa era que se tratava efetivamente de uma "revolução proletária". Postas as coisas nesses termos, tudo o mais vinha a ser secundário — e foi justamente essa consideração que serviu para esclarecer os melhores elementos do anarcossindicalismo brasileiro e levá-los ao rompimento com os dogmas e preconceitos do anarquismo e à plena aceitação de princípios da ditadura do proletariado e das 21 condições de adesão estabelecidas pela III Internacional.

Mas, a par de suposições e conceitos errôneos, que transitavam através de comentários próprios, os periódicos anarcossindicalistas favoráveis à revolução bolchevique — e todos o foram até pelo menos 1920 — publicavam em suas colunas artigos e documentos autênticos sobre a revolução, colhidos na imprensa operária da Europa e da América. Por exemplo, o semanário *Spartacus*, do Rio, estampou em seu primeiro número, publicado em agosto de 1919, a "Mensagem aos trabalhadores americanos", de Lênin, e, três meses mais tarde, o fundamental trabalho, também de Lênin, "A democracia burguesa e a democracia proletária", adotado, sob a forma de teses, pelo congresso de fundação da Internacional Comunista, em março de 1919. *A Hora Social*, órgão da Federação das Classes Trabalhadoras de Pernambuco, publicou em novembro de 1919 o texto da primeira Constituição soviética. O semanário em língua italiana *Alba Rossa*, de São Paulo, reproduziu, em sua edição de 1º de março de 1919, um artigo de Lênin sobre a paz de Brest-Litovski e um apelo de Máksim Górki aos trabalhadores de todos os países. *Vanguarda*, diário do povo trabalhador, também de São Paulo, publicou em 11 de março de 1921 o discurso que Clara Zetkin havia pronunciado no congresso de onde saiu o Partido Comunista Francês, em dezembro de 1920, e mais de um artigo de Losovski em números subsequentes. Estes exemplos podiam ser multiplicados com citações de todos os jornais operários da época.

Alguns intelectuais progressistas, com mais ou menos compreensão do fenômeno revolucionário, manifestavam também as suas simpatias pela Revolução Socialista de Outubro — e à frente deles, com mais decisão, colocou-se Lima Barreto, que publicou então alguns artigos dedicados à Revolução (mais tarde recolhidos no seu livro *Bagatelas*) os quais, como se pode imaginar, produziram enorme sensação.

Porém, nos sindicatos operários e nos movimentos de massa é que as manifestações de solidariedade do proletariado brasileiro à jovem República Operária e Camponesa atingiram mais extensão e vigor. As assembleias sindicais eram sempre numerosas e movimentadas e todas as vezes que se mencionavam nelas os exemplos de luta revolucionária, dos trabalhadores russos, a massa presente demonstrava com unânime entusiasmo os seus sentimentos de fraternidade, admiração e apoio. Os sindicatos promoviam conferências, palestras e debates sobre assuntos relacionados com a Revolução Russa. Quando da intervenção de tropas imperialistas anglo-franco-japonesas, que sustentavam os generais contrarrevolucionários Denikin, Yuednitch, Wrangel, Koltchak e outros, moções de protesto recebiam aprovação igualmente unânime das assembleias e comícios onde eram apresentadas. Citemos alguns fatos.

No 1º de Maio de 1918, no Rio, foi aprovada a moção em que se declarava que o proletariado carioca resolvia por aclamação "manifestar a sua profunda simpatia pelo povo russo, neste momento em luta aberta e heroica contra o capitalismo". No 1º de Maio de 1919 — grande demonstração de massas — entre outras moções foi aprovada a seguinte: "O proletariado do Rio de Janeiro, reunido em massa na praça pública e solidário com as grandes demonstrações dos trabalhadores neste 1º de Maio, envia uma saudação especial aos proletariados russo, húngaro e germânico e protesta solenemente contra qualquer intervenção militar burguesa tendo por fim atacar a obra revolucionária tão auspiciosamente encetada na Rússia". O Congresso Sindical de 1920 aprovou também uma saudação especial ao proletariado russo, "que tão alto tem erguido o facho da revolta triunfante, abrindo o caminho do bem-estar e da liberdade aos trabalhadores mundiais". Noutra moção se dizia que o Congresso "resolve declarar sua simpatia em face da Terceira Internacional de Moscou, cujos princípios correspondem verdadeiramente às aspirações de liberdade e igualdade dos trabalhadores de todo o mundo". Lembremos ainda que, em 1919, a União dos Metalúrgicos do Rio de Janeiro proclamou uma greve geral na corporação contra a intervenção imperialista e de solidariedade à República Operária e Camponesa.

Todo aquele período de 1917-1920 caracterizou-se por uma onda irresistível de greves de massa, que em muitos lugares assumiram proporções grandiosas. Já antes mesmo, em junho de 1917, tinha havido a greve geral em São Paulo, paralisando completamente, durante alguns dias, a vida da cidade. Em 1918, 1919, 1920, no Rio, de novo em São Paulo, em Santos, em Porto Alegre, na Bahia, em Pernambuco, em Juiz de Fora, em Petrópolis, em Niterói e outras muitas cidades de norte a sul do país, as greves operárias se alastravam com ímpeto avassalador. Eram movimentos por aumento de salários e melhoria das condições de trabalho, mas uma coisa se mostrava evidente — a influência da Revolução de Outubro como estímulo à combatividade da classe operária. Entre as mais sérias lutas sustentadas então pelos trabalhadores do Rio e cidades vizinhas, houve algumas que devemos destacar, pela significação de que se revestiram. Em primeiro lugar, cronologicamente, a greve do pessoal da Cantareira, no Rio e Niterói. Foi um movimento importante, desencadeado contra poderosa empresa imperialista, a cujo serviço se colocaram imediatamente as forças policiais, provocando graves conflitos. Num desses conflitos intervieram soldados e inferiores do exército aquartelados na capital fluminense, tomando o partido dos grevistas, e dois deles tombaram heroicamente, de armas na mão, ao lado dos operários. Isso se passou em agosto-setembro de 1918. Dois meses e pouco depois deflagrava o movimento de 18 de novembro, em que se envolveram vários sindicatos operários, à frente dos quais o dos operários em fábricas de tecidos, abrangendo igualmente fábricas de localidades vizinhas situadas no estado do Rio. Em muitas dessas fábricas se travaram violentos conflitos provocados pela polícia, com mortes de lado a lado. Duras lutas de rua assinalaram também o início do movimento, na tarde daquele dia. O movimento malogrou-se devido a desastrosas falhas de organização, mas serviu para pôr à prova o agudo espírito de combatividade revolucionária de que os trabalhadores se achavam possuídos. Isto evidenciou-se ainda com o desfecho do processo criminal movido pela polícia contra os cabeças do movimento: sob a pressão da massa operária, que manifestava abertamente a sua solidariedade aos companheiros incriminados, foram estes absolvidos, depois de cerca de seis meses de prisão, e a tempo de participarem das grandes demonstrações do 1º de Maio de 1919.

Ainda em 1919 voltaram os tecelões à carga numa nova greve de grandes proporções. A greve da Leopoldina, em 1920, abrangendo o Distrito Federal, os estados do Rio e de Minas, marcou época nos anais dos movimentos grevistas do proletariado brasileiro, por sua tenacidade e pela onda de solidariedade que levantou em toda a massa trabalhadora a favor dos grevistas. A greve dos marítimos, já no fim de 1920, quando o surto grevista entrava em descanso, fracassou, lamentavelmente, mas apesar de tudo constituiu indiscutível demonstração de combatividade por parte da massa dos trabalhadores marítimos.

Especial registro merece, nesse período, a maneira pela qual os operários da construção civil conquistaram a jornada de oito horas. Deu-se o caso que o sindicato da construção civil resolveu, depois de numerosas e sucessivas assembleias, "decretar" por conta própria o dia de oito horas de trabalho em todas as obras de construção civil em andamento no Rio de Janeiro, o que realmente se efetivou, a partir de 2 de maio de 1919. Está claro que semelhante "método" de luta só produziu os resultados em mira porque se tratava de um sindicato poderoso e de um momento de impetuoso impulso de todo o movimento operário.

Não há dúvida que outras muitas das reivindicações pelas quais lutavam as massas trabalhadoras, nessa época, foram alcançadas, total ou parcialmente. Mas é um fato que a natureza e o volume das vitórias alcançadas não estavam em proporção com o vulto e a extensão do movimento geral. Mais ainda — as reivindicações formuladas, por aumento de salários, por melhores condições de trabalho, etc., constituíam como que um fim em si mesmo, e não um ponto de partida para reivindicações crescentes de nível superior. É que na realidade se tratava de lutas mais ou menos espontâneas, isoladas umas das outras, sucedendo-se por força de um estado de espírito extremamente combativo que se generalizava entre as massas. Admiráveis exemplos de firmeza, de bravura, de abnegação se verificaram um pouco por toda parte, durante as greves e demonstrações de massa que se multiplicavam de maneira contagiosa naqueles anos. Faltava, porém, um centro coordenador, um comando geral à altura das circunstâncias, em suma — uma direção política, que só um partido independente de classe poderia imprimir a todo o movimento. Em tais condições, era inevitável que, ao cabo de algum tempo, quebrado o ímpeto combativo das massas, pudesse a reação patronal e governamental retomar a iniciativa e desencadear uma onda de terror visando à liquidação do movimento revolucionário.

As grandes greves e agitações de massa do período 1917-1920 puseram a nu a incapacidade teórica, política e orgânica do anarquismo para resolver os problemas de direção de um movimento revolucionário de envergadura histórica, quando a situação objetiva do país (em conexão com a situação mundial criada pela guerra imperialista de 1914-1918 e pela vitória da revolução operária e camponesa na Rússia) abrira perspectivas favoráveis a radicais transformações na ordem política e social dominante. A constatação desse fato, resultante de um processo espontâneo e a bem dizer instintivo de autocrítica, que se acentuou principalmente durante a segunda metade de 1921, sob a forma de acaloradas discussões nos sindicatos operários, é que levou diretamente à organização dos primeiros grupos comunistas, que se constituíram como passo inicial para a formação do Partido Comunista.

A bancarrota do anarquismo fora total e com ela ficou encerrado um largo período da história do movimento operário brasileiro. O consequente surgimento do Partido Comunista, ao mesmo tempo que assinalava o início de um novo período, era também a revelação de que as lutas precedentes haviam produzido um rápido amadurecimento político da classe operária brasileira, que assim mostrava compreender qual o papel histórico que lhe caberia à frente da revolução social e nacional em marcha.

Eis por que dizemos que a existência do Partido Comunista do Brasil corresponde a uma necessidade histórica que os fatos do passado demonstraram e são confirmados pelos fatos do presente. O Partido Comunista do Brasil nasceu e cresceu, vive e viverá porque precisamente lhe cabe a missão, como vanguarda consciente da classe operária, de organizar e dirigir as lutas de todo o povo brasileiro contra a exploração econômica e a opressão política, pelo progresso do país e sua libertação do jugo imperialista, pelo socialismo.

(1952)

ALGUNS DADOS ECONÔMICOS

Para uma correta apreciação do momento histórico durante o qual surgiu o Partido Comunista do Brasil, torna-se necessário recordar, ainda que a breve traço, aqueles aspectos mais significativos da situação econômica do país ao iniciar-se a segunda década do século, isto é, logo após a Primeira Guerra Mundial.

Economistas e historiadores nos fornecem dados e indicações sobre o relativo impulso industrial que se verificou entre nós em consequência da guerra mundial de 1914-1918, impulso esse que marcou mais significativamente o panorama econômico brasileiro no momento em questão. O censo de 1920 apurou a existência de 13.569 estabelecimentos industriais em todo o Brasil, empregando 293-673 operários, isto numa população já superior a 30 milhões, e consumindo em força motriz 363.296 c.v.[1].

A esses dados básicos referentes à indústria, podemos acrescentar outros, que servem para completar o quadro da situação econômica brasileira no período que nos interessa aqui. Com relação aos meios de transporte, vemos que a rede de ferrovias alcançava 28.535 km em 1920 e 29.341 km em 1922. O movimento marítimo registrou em 1922 um total de 25.264 navios com 27.460.000 toneladas entrados nos portos do Brasil, sendo no porto do Rio de Janeiro 2.909 navios com 7.813.000 t e no de Santos 2.050 navios com 5.402.000 t[2].

Sobre a situação do agro, o censo de 1920 colheu os algarismos seguintes: 648.153 estabelecimentos agrícolas com a área total de 175.104.675

---

[1] *Anuário estatístico do Brasil*. IBGE, 1958.
[2] Idem.

hectares. Os dois quadros abaixo nos mostram qual a estrutura da propriedade dos estabelecimentos recenseados:

Estabelecimentos segundo o grupo de área

	Número de estabelecimentos	Área (ha)
Até menos de 10 ha	463.879	15.708.314
De 100 a menos de 1.000 ha	157.959	48.415.737
De 1.000 a menos de 10.000 ha	24.647	65.487.928
De 10.000 ha e mais	1.668	45.492.696
Totais	**648.153**	**175.104.675**

Estabelecimentos segundo a condição do responsável

	Número de estabelecimentos	Área (ha)
Proprietário	577.210	126.787.281
Arrendatário	23.371	8.575.917
Administrador	47.572	39.741.477
Totais	**648.153**	**175.104.675**

O censo apurou a existência, nesses 648.153 estabelecimentos agrícolas, de 1.706 tratores, 141.196 arados e 58.255 grades[3].

Os dados acima sobre as propriedades agrícolas evidenciam a olho nu o absoluto predomínio do latifúndio nas mãos de reduzida minoria de grandes proprietários.

A par disso, e em consequência, o enorme atraso nos métodos de trabalho, com a existência de apenas 1.706 tratores computados em todo o país.

[3] Idem.

Mas voltemos à indústria fabril.

Ainda no censo de 1920 encontram-se algumas cifras comparativas de grande interesse acerca do período de fundação da indústria brasileira e seu posterior desenvolvimento. O quadro apresentado é muito instrutivo[4]:

Estabelecimentos industriais de acordo com o período de sua fundação

Período de Fundação	Percentagem do capital empregado
Antes de 1849	1,4
De 1850 a 1904 (54 anos)	42,2
De 1905 a 1919 (15 anos)	55,1
Desconhecido	1,3
Total	**100,0**

Vê-se por aí que o grosso da indústria brasileira surgiu no período de 1905 a 1919. Sabe-se ainda que cerca de 5.940 estabelecimentos, quase metade dos 13.336 recenseados em 1920, foram instalados durante os anos de 1915 e 1919[5], precisamente no período da guerra. Convém acentuar esse fato para bem compreendermos o quadro da situação econômica brasileira, nos anos que se seguiram à guerra, isto é, no período de fundação do PCB.

Partindo das estatísticas de 1920, podemos calcular que em 1922 haveria no Brasil, aproximadamente, uns 300 a 320 mil operários industriais, concentrados principalmente no antigo Distrito Federal e municípios vizinhos, São Paulo, Minas Gerais, Pernambuco, R. G. do Sul. Aumento paralelo de assalariados ter-se-ia verificado, normalmente, nos transportes

---

[4] Citado por João Frederico Normano, *Evolução econômica do Brasil* (2. ed., trad. Teodoro Quartim Barbosa, Roberto Peake Rodrigues e Laércio Brandão Teixeira, São Paulo, Companhia Editora Nacional, 1945), p. 133.

[5] Humberto Bastos, *A marcha do capitalismo no Brasil* (São Paulo, Editora Martins, 1944), p. 157. Esse mesmo autor consigna a existência de 110 usinas elétricas em 1919, contra 17 em 1905.

terrestres e marítimos, nos serviços portuários e no comércio. Com base em cálculos aproximados, não será demais computar em 1 milhão a 1,2 milhão o número total de assalariados na indústria, no transporte e no comércio, sem contar os assalariados agrícolas.

É necessário esclarecer que a indústria que mais se desenvolveu, proporcionalmente, durante o período em apreço, foi a da alimentação, especialmente a de congelação de carnes, estimulada, esta última, pelo consumo forçado e crescente dos países beligerantes. Grandes frigoríficos se estabeleceram então, principalmente nos estados do Rio Grande do Sul e de São Paulo, que ofereciam maiores facilidades regionais para aquisição de gado. E não esqueçamos de salientar, neste ponto, que tais frigoríficos foram instalados por empresas monopolistas estrangeiras, que até hoje concentram nas suas mãos o negócio da carne no Brasil, e não apenas para exportação, mas também para o mercado interno. Cabe aqui mencionar alguns algarismos referentes ao capital estrangeiro. J. F. Normano oferece-nos o quadro que se segue[6]:

Capital estrangeiro empregado no Brasil

(em milhões de dólares —
Taxa de conversão: £1=$4,87 1/2)

Países	1916	1929/1930
Estados unidos	50	557
Grã-Bretanha	1.160	1.413
Outros países europeus	1.024	1.220
	2.234	**3.190**

Não dispomos de algarismos relativos aos últimos anos da guerra e aos que se seguiram imediatamente. Mas certos dados anteriores e posteriores permitem-nos avaliar o ritmo dos investimentos estrangeiros durante a

---

[6] João Frederico Normano, *Evolução econômica do Brasil*, cit., p. 274.

guerra e no após-guerra. Segundo cálculo realizado por avaliadores oficiais, o aumento anual de capital estrangeiro no Brasil, no período compreendido entre 1908 e 1914, alcançou 27 milhões de libras, ou cerca de $ 131.625.000. No período de 1916 a 1930, registrou-se o aumento anual seguinte, em milhões de dólares (na base de $ 4,871/2 por £ 1): capitais de origem norte-americana, 36,2; capitais de origem europeia, incluindo a Grã-Bretanha, 32,1; total, 68,3[7].

Caiu sensivelmente, como vemos, o aumento anual verificado no período final da guerra e no após-guerra, coisa que se pode compreender pela consideração de que semelhante queda seria consequência da diminuição principalmente de empréstimos. Os capitais entrados em tal período teriam sido aplicados sobretudo em inversões industriais de imediato interesse dos países de origem — como foi o caso dos frigoríficos. Mas se houve uma queda de origem geral, as estatísticas acima revelam, por outro lado, uma sensível tendência para aumentos de origem norte-americana. Os capitais norte-americanos entravam no Brasil, depois da Primeira Guerra Mundial, com o propósito determinado de superar em breve prazo os de origem europeia. O imperialismo ianque abria o jogo.

Mas o impulso de industrialização ocasionado pela guerra trazia no bojo vários fatores de natureza temporária, cujo definhamento, inevitável após a cessação das hostilidades, só não provocou maiores perturbações porque tarifas alfandegárias elevadas, e com estas uma contínua depressão cambial, amparavam a produção nacional. Quer dizer: aqueles fatores temporários foram de certo modo substituídos por fatores permanentes, os quais no entanto impregnavam certos ramos das novas indústrias de tal ou qual feição parasitária[8], e daí, em parte pelo menos, muitas das

---

[7] Idem.
[8] "... a ação indiscriminada das tarifas e da depreciação monetária tinha estimulado indústrias inteiramente fictícias, simples atividades de 'ajuntamento de peças', que dependiam de fontes externas longínquas de abastecimento para todas suas necessidades, desde o maquinário até a matéria-prima que empregavam." Caio Prado Júnior, *História econômica do Brasil* (1. ed., São Paulo, Brasiliense, 1945), p. 273.

debilidades que se refletiam sobre o processo geral de industrialização, e também, em muitos casos, sobre a situação da classe operária.

De tais circunstâncias, acrescidas a outras, algumas das quais vinham de longe (Caio Prado Júnior exemplifica: debilidade do mercado interno, dificuldades de transporte, deficiência técnica), só podia resultar o que de fato resultou, como regra geral — uma indústria de baixo nível qualitativo.

Falamos acima em concentração industrial, e portanto de operários, em certas regiões. Expliquemos: não era questão de concentrações técnicas, traduzidas em grandes unidades ou organizações industriais, a não ser, em parte, a dos frigoríficos americanos e ingleses; tratava-se antes de concentrações, em alguns pontos do território nacional, de numerosos estabelecimentos de tipo médio e pequeno. "A maior parte da indústria brasileira" — escreve Caio Prado Júnior — "continuará como dantes largamente dispersa em unidades insignificantes, de rendimento reduzido e produzindo exclusivamente para estritos mercados locais"[9].

Todavia, o que mais importa observar, no caso, e Caio Prado Júnior dá o devido destaque a semelhante observação, é que desde então a indústria passou a ocupar posição de *crescente* relevo no conjunto da economia brasileira. E isto queria dizer, nem mais nem menos, que o Brasil *começava* a superar a sua velha e colonial condição de "país essencialmente agrícola".

Pelos dados e indicações acima resumidos, acreditamos possível fazer-se uma ideia aproximada da paisagem econômica brasileira, que formava o fundo da cena sobre a qual se agitavam novos e complexos problemas políticos, sociais e ideológicos, consequência, imediata, do conflito mundial provocado pelas rivalidades imperialistas das grandes potências. No Brasil, como no resto do mundo, as classes dominantes sentiam seus privilégios ameaçados e temiam perder suas velhas posições de mando. A inquietação agravava-se e generalizava-se ante os inequívocos sinais de desagregação da antiga ordem de coisas. "Todos esses sinais" — escreveria, mais tarde, Nelson Werneck Sodré — "seriam refletidos, com

---

[9] Ibidem, p. 274.

progressiva gravidade, embora nem sempre com expressão clara, na inquietação política que avassalava o País, traduzida em sucessivos motins e perturbações que denunciavam o antagonismo entre uma velha e uma nova ordem econômica"[10].

Nesse contexto histórico inseriam-se as lutas da classe operária, das quais veio a surgir o Partido Comunista como sua expressão mais aguda e mais consciente.

---

[10] Nelson Werneck Sodré, *Introdução à revolução brasileira* (Rio de Janeiro, José Olympio, 1958), p. 103. Sobre a situação econômica, política e social do Brasil durante o período de formação do PCB, ver o livro de Abguar Bastos, *Prestes e a revolução social* (Rio de Janeiro, Calvino, 1946).

Aproveito a oportunidade para agradecer ao camarada Mário Alves a ajuda que me prestou na coleta de dados para a elaboração deste capítulo.

Impresso avulso, feito no Recife em 1919, com a imagem da primeira Greve Geral realizada em Pernambuco, em 28 de julho de 1919.

O "PARTIDO" DE 1919

São mais ou menos conhecidos os acontecimentos que antecederam e abriram caminho à organização definitiva do Partido Comunista do Brasil. Mas há um fato de que pouco ou mesmo nada se tem falado, e que é necessário relembrar: a fundação de um "Partido Comunista do Brasil" em 1919, ou seja, três anos antes do 1º Congresso reunido nos dias 25, 26 e 27 de março de 1922. Ponho "Partido Comunista do Brasil" entre aspas porque em verdade o seu conteúdo não correspondia ao rótulo.

A ideia desse Partido nasceu nos primeiros meses daquele ano de 1919, e logo se pôs em prática depois de rápidos entendimentos entre os militantes mais ativos do movimento operário do Rio e dos estados. Em vez de estatutos, foram elaboradas e adotadas umas simples "bases de acordo", à boa moda anarquista, com o item seguinte, relativo aos "fins imediatos" do Partido: "Promover a propaganda do Comunismo Libertário, assim como a organização de núcleos comunistas em todo o país".

Feito isso, convocou-se uma conferência ou congresso, que viria a reunir-se uns três meses depois, no Rio. Sua instalação verificou-se, efetivamente, já em fins de junho, com o comparecimento de 22 delegados dos núcleos existentes em alguns estados, sendo porém proibido pela Polícia logo após a primeira ou segunda sessão. Se bem me recordo, os delegados à conferência continuaram a reunir-se em Niterói, na antiga sede da Fundação Operária local, situada no largo de São João.

O trabalho principal da conferência consistiu na discussão e aprovação de uma espécie de programa do Partido, redigido pelo professor José Oiticica sob o título de "Princípios e fins do comunismo". Era um longo documento, minuciosamente dividido e subdividido em numerosos itens, num dos quais se dizia nada menos que isto: "Estes princípios e fins serão a carta de abecê introdutório do meu *Catecismo anarquista* que pretendo editar em livro".

Convém acrescentar, entretanto, que antes e depois da conferência o Partido promoveu alguns atos públicos, realizados em sedes sindicais, sempre com o comparecimento de grande número de operários. Foi assim a 18 de março, dia da Comuna de Paris; a 13 de maio, dia da Abolição; a 14 de julho, dia da Tomada da Bastilha, etc.

As citações feitas mais acima bastam, porém, para mostrar que o referido Partido de "comunista" tinha apenas o nome. Tratava-se, na realidade, de uma organização tipicamente anarquista, e a sua denominação de "Partido Comunista" era um puro reflexo, nos meios operários brasileiros, da poderosa influência exercida pela revolução proletária triunfante na Rússia, que se sabia dirigida pelos comunistas daquele país. O que não se sabia ao certo é que os comunistas que se achavam à frente da Revolução Russa eram marxistas e não anarquistas. Só mais tarde essas diferenças se esclareceram, produzindo-se então a ruptura entre os anarquistas ditos "puros" e "intransigentes", que passaram a fazer críticas e restrições aos comunistas russos, chegando por fim à luta aberta contra o Estado Soviético, e os anarquistas que permaneciam fiéis à classe operária, os quais chegariam finalmente a compreender que no marxismo é que se encontra a definição teórica justa da ideologia do proletariado. E estes últimos é que viriam a fundar, em 1922, o verdadeiro Partido Comunista do Brasil.

NOTÍCIA DO I CONGRESSO

I

A notícia do congresso de fundação do Partido Comunista do Brasil foi publicada na revista *Movimento Comunista*, número 7, datado de junho de 1922. É essa a única fonte de informação documental que existe sobre a matéria.

A revista abre com um editorial assinado pelo seu diretor, seguindo-se um breve histórico da formação dos primeiros grupos comunistas brasileiros, e depois o noticiário da realização do congresso. Noticiário resumido, mas completo, como se verá pela transcrição abaixo:

> Em meados de fevereiro, por iniciativa dos camaradas do Grupo de Porto Alegre, o Grupo do Rio entendeu-se com os demais grupos existentes sobre a necessidade de se apressar a reunião, em congresso, dos delegados dos mesmos, para definitiva organização do Partido Comunista. Havia urgência na organização do Partido em vista da aproximação do IV Congresso da Internacional de Moscou, no qual deveriam fazer-se representar os comunistas do Brasil. Um trabalho ativo foi iniciado, neste sentido, marcando-se a data de reunião do Congresso: 25, 26 e 27 de março.
>
> Chegado finalmente o dia 25 de março, realizou-se a primeira sessão do Congresso Constituinte do Partido Comunista do Brasil, sendo lida então uma entusiástica saudação enviada pelo Bureau da Internacional Comunista para a Propaganda na América do Sul. Duas sessões se realizaram ainda no dia seguinte, 26, e duas finais no dia 27[1]. Estavam representados por delegação direta os Grupos de Porto Alegre, de Recife, de São Paulo, de Cruzeiro, de

---

[1] As sessões dos dias 25 e 26 foram realizadas no Rio, e as duas últimas, dia 27, em Niterói.

Niterói e do Rio. Não puderam enviar delegados os Grupos de Santos e Juiz de Fora. Igualmente se fizeram representar o Bureau da IC para a América do Sul e o Partido Comunista do Uruguai[2].

Foi estabelecida a seguinte ordem do dia para os trabalhos do Congresso: 1) Exame das 21 condições de admissão na Internacional Comunista; 2) Estatutos do Partido Comunista; 3) Eleição da Comissão Central Executiva; 4) Ação pró-flagelados do Volga; 5) Assuntos vários.

2) As 21 condições de admissão estabelecidas pela Internacional Comunista foram objeto de minucioso e demorado exame por parte dos delegados presentes, sendo discutidas e aceitas, unanimemente, uma a uma.

3) Os estatutos do novo Partido, inspirados nos do Partido Comunista da Argentina, e tendo em conta as condições especiais da situação brasileira, foram elaborados, discutidos e aprovados, a título provisório, pela unanimidade dos delegados.

4) A eleição para os cargos da Comissão Central Executiva do Partido foi feita com um perfeito espírito de cordialidade, tendo-se em vista as habilitações e possibilidades de cada um.

5) Como já existe, funcionando desde setembro do ano passado, um Comitê de Socorro aos Flagelados Russos[3], do qual fazem parte comunistas,

---

[2] Eis os nomes dos nove delegados e respectivas profissões: Abílio de Nequete, barbeiro; Astrojildo Pereira, jornalista; Cristiano Cordeiro, funcionário; Hermogênio Silva, eletricista; João da Costa Pimenta, gráfico; Joaquim Barbosa, alfaiate; José Elias da Silva, funcionário; Luís Peres, operário vassoureiro; Manuel Cendon, alfaiate. Com exceção de Abílio de Nequete, sírio, e Manuel Cendon, espanhol, todos os demais são brasileiros natos. Abílio Nequete, delegado de Porto Alegre, representava cumulativamente o Bureau da IC para a América do Sul e o PC do Uruguai. E agora uma coincidência curiosa — apenas curiosa, sem outra qualquer significação, mas que não custa nada registrar: os congressos de fundação dos partidos comunistas da Rússia (1898) e da China (1921) se realizaram com a participação de nove delegados cada um, o mesmo número que no Brasil. Outro dado interessante: os comunistas brasileiros inscritos nos diversos grupos representados no Congresso de 1922 somavam um total de 73 membros; não sabemos quantos tinha o partido russo no momento de sua fundação; o chinês tinha cinquenta.

[3] Em 1921 a região do Volga foi assolada por terrível seca, o que resultou em verdadeira calamidade pública, que a Revolução, ainda sangrando da guerra civil, teve de enfrentar naqueles anos extremamente difíceis. Em socorro das vítimas do flagelo, organizou-se no mundo inteiro um movimento de solidariedade, do qual participaram inclusive alguns governos de países capitalistas.

anarquistas e sindicalistas, o Congresso deliberou que a CCE promovesse, de acordo com o referido Comitê, uma maior ampliação na composição do mesmo, convidando indistintamente, para a organização de uma ação comum, a todos os organismos operários e revolucionários do Brasil, sejam quais forem suas tendências.

Depois de outras resoluções de caráter secundário e aprovadas as moções que vão mais adiante, deu-se o Congresso por encerrado, entoando os delegados, de pé, comovidamente, as estrofes da *Internacional*. Um viva à Terceira Internacional! e estavam terminados os trabalhos preliminares de fundação do Partido Comunista do Brasil.

Nem por serem poucos e sem exagerarem a modéstia de sua obra, os delegados presentes ao Congresso não menos convictos se mostravam da importância histórica do ato que realizavam. Eles representavam, ali, senão organicamente, decerto em espírito, as aspirações mais altas do proletariado do Brasil, finalmente integrado na vanguarda revolucionária do proletariado mundial.

A revista publica a seguir o texto das moções aprovadas pelo Congresso: Saudação à Internacional Comunista; Saudação à Revolução Russa; À memória dos Heróis da Revolução; Saudação aos perseguidos pela reação capitalista; Ao Bureau da IC para a América do Sul; Aos Partidos Comunistas da Argentina e do Uruguai; Aos trabalhadores do Brasil. Textos curtos, puramente afirmativos, despidos de qualquer motivação.

Completando o noticiário das sessões do Congresso, *Movimento Comunista* estampa o apelo dirigido pelo Bureau da IC para a América do Sul "Aos trabalhadores comunistas do Brasil", e ainda o texto na íntegra dos estatutos[4].

---

[4] Logo depois de sua fundação, foi o PCB legalmente registrado como sociedade civil — naquele tempo não havia lei nenhuma especial regulando a organização e o funcionamento de partidos políticos como tais.

II

A não ser nos meios sindicais, onde militavam ativistas do movimento operário, a fundação do PCB passou completamente despercebida da opinião pública. A grande imprensa ignorou o fato, e se acaso houvesse tomado conhecimento dele certamente não o teria levado a sério. A verdade, entretanto, é que o Partido viveu, cresceu e com o correr dos anos veio a ocupar o lugar que lhe compete na vida política e social do país — em condições de ilegalidade quase sempre, mas presente sempre, sem jamais arriar a sua bandeira de luta. Isto é hoje reconhecido inclusive por publicistas e historiadores, em livros que tratam da história política nacional a partir da segunda década deste século.

É o caso, por exemplo, de Afonso Arinos de Melo Franco, em cujo livro *História e teoria do partido político no direito constitucional brasileiro* (Rio de Janeiro, 1948) há todo um longo capítulo dedicado ao PCB, seus antecedentes, sua fundação, sua atividade política até 1948, quando cassados os mandatos dos parlamentares comunistas. Os dados aí expostos, na parte relativa aos primeiros anos do Partido, que é o que nos interessa aqui, são em geral corretos, com apenas dois pequenos erros de fato: 1) o de apontar como publicação do Partido a *Voz do Povo*, jornal diário que circulou de fins de 1919 a janeiro de 1921 e era órgão da Federação Operária; 2) o de confundir a eleição municipal de outubro de 1928, em que o Bloco Operário elegeu dois intendentes, com a eleição federal de fevereiro de 1927, de que também participara o BO, com o seu candidato eleito Azevedo Lima.

Noutro livro de Afonso Arinos, *Um estadista da República*, biografia de Afrânio de Melo Franco, encontra-se uma breve página com referências ao PCB, mas aí os enganos se acumularam, como se pode verificar no trecho que se segue: "O Partido Comunista se iniciara em 1919, graças a uma cisão no movimento anarquista. Já então um dos seus fundadores, Antônio Canelas, estivera na Rússia. Em 1922 o movimento é reconhecido pelos soviets, quando da visita a Moscou de Astrojildo Pereira. Em

1925 outro comunista, Paulo de Lacerda (irmão de Maurício), foi enviado à Meca marxista"[5].

Deslindemos o embrulho.

1) O PCB como tal, como organização regular filiada à IC, surgiu efetivamente em 1922, conforme o próprio Afonso Arinos deixou registrado em seu livro anterior, e não em 1919, sendo que a cisão no movimento anarquista só se verificou em 1921; 2) Antônio Canelas esteve na Rússia em fins de 1922, precisamente como representante do PCB no IV Congresso da IC, reunido em dezembro daquele ano; 3) Astrojildo Pereira visitou Moscou em 1924, e só a IC, organização *internacional* dos partidos comunistas nacionais, podia reconhecer e aceitar a adesão dos mesmos, coisa que não competia aos sovietes, órgão do governo russo; 4) Paulo Lacerda só foi a Moscou em 1928, como delegado brasileiro ao VI Congresso da IC.

Erros miúdos, não há dúvida. Mas fatos são fatos, datas são datas, nomes são nomes, e é com eles que se faz a história. O que não compreendemos é como Afonso Arinos, que possuía dados fidedignos, já utilizados no livro de 1948, pôde contentar-se com informações não verificadas, ao escrever sobre a mesma matéria no livro de 1955.

Noutro livro recente, *História sincera da República*, de Leôncio Basbaum, encontram-se algumas páginas dedicadas à fundação do PCB (II v., 1. ed.). Mas também aí aparecem várias inexatidões e deslizes, aliás de fácil correção.

---

[5] Afonso Arinos, *Um estadista da República*, v. III (Rio de Janeiro, José Olympio, 1955), p. 1284. Sobre o pretenso "partido" de 1919 já prestamos os necessários esclarecimentos e em capítulo anterior do presente trabalho. Podemos ainda dizer que o assunto foi tratado com pleno conhecimento de causa, pois pertencemos também ao número dos que participaram pessoalmente daquela primeira e malograda tentativa, inclusive com o encargo de elaborar as suas "bases de acordo".

Prédio na rua do Senado 215, no Rio de Janeiro, onde funcionou durante anos o Centro Cosmopolita (sindicato de trabalhadores em hotéis, cafés, restaurantes e similares). O local foi palco também do Congresso Operário de 1913, promovido pela Confederação Operária Brasileira, e da fundação do Centro Comunista do Rio de Janeiro, em 7 de novembro de 1921.

OS PRIMEIROS DIAS DO PARTIDO

O Congresso de fundação do Partido não foi coisa realizada de improviso, mas resultou de um trabalho de preparação que durou cerca de cinco meses. Por iniciativa e sob a direção do Grupo Comunista instalado no Rio a 7 de novembro de 1921, outros grupos se organizaram, nos centros operários mais importantes do país, com o objetivo precípuo de marchar para a fundação do Partido[1]. Tinha-se em vista estabelecer certos pontos de apoio nas regiões onde havia alguma concentração de massa operária. Compreendia-se, por outro lado, que o Partido devia ter desde o início um caráter definido de partido político de âmbito nacional.

O mensário *Movimento Comunista*, editado pelo Grupo do Rio, já em seu primeiro número (janeiro de 1922) explicava claramente o que se pretendia: "Com referência à organização partidária, desejamos e preconizamos a união, solidamente baseada num mesmo programa ideológico, estratégico e tático, das camadas mais conscientes do proletariado. As experiências próprias e alheias nos aconselham unidade e concentração de esforços e energias, tendo em vista coordenar, sistematizar, metodizar a propaganda, a organização e a ação do proletariado". Para melhor compreendermos o sentido dessas palavras, no momento em que foram escritas, devemos lembrar que a classe operária brasileira não possuía

---

[1] Há notícias da existência de mais de um grupo ou círculo de comunistas e simpatizantes do comunismo, organizados em lugares diferentes do território nacional, antes de novembro de 1921. Mas eram grupos ou círculos meramente locais, geralmente de existência precária e efêmera. A mais antiga dessas organizações era a União Maximalista, de Porto Alegre, fundada em 1919, e que em 1921, atendendo ao apelo do grupo carioca, converteu-se no Grupo Comunista de Porto Alegre, e como tal contribuiu em larga medida para a fundação do Partido.

nenhuma tradição de organização política em partido independente e que os sindicatos operários de tendência revolucionária, em cujo seio nasceu o Partido, eram organizações de orientação anarquista, baseadas numa estrutura ultraliberal, adversas a qualquer forma de direção unitária e centralizada.

Os Grupos Comunistas eram constituídos, em sua absoluta maioria, por operários ativistas do movimento sindical, e assim desde o início se constituiu o Partido sobre uma firme base proletária. Eis por que a preparação política e prática para a realização do 1º Congresso se desenvolveu em estreita ligação com a atividade dos comunistas dentro dos sindicatos, com a sua participação nas lutas operárias e nas ações de massa. Não é demais chamar a atenção para o que havia de positivo nesse aspecto da formação inicial do Partido.

Simultaneamente, os comunistas sustentavam intensa campanha ideológica de esclarecimento e definição de princípios, em luta aberta e cerrada contra a ideologia anarquista até então predominante.

A formação do Partido se processou, de tal sorte, em pleno fogo das lutas de classe e, ao mesmo tempo, sob o fogo de uma dura luta ideológica, que era o reflexo, no Brasil, e segundo as condições brasileiras, da luta ideológica travada no plano mundial pela III Internacional.

Fundado definitivamente o Partido, no 1º Congresso, os Grupos passaram a constituir suas organizações locais, já agora estruturadas em moldes centralizados, isto é, com a sua subordinação a uma direção nacional única, de acordo com os estatutos então adotados. O mensário *Movimento Comunista* passou a ser editado pela direção nacional como órgão do Partido, e em suas páginas podemos encontrar algumas indicações sobre a vida e a atuação do Partido em seus primeiros meses de existência como tal.

Continuando a orientação já seguida anteriormente pelos Grupos, os comunistas intensificaram sua atuação dentro dos sindicatos operários, através de líderes e ativistas sindicais que haviam aderido ao Partido. Em aplicação da linha partidária, os comunistas batiam-se pela unidade sindical, independentemente de diferenças ideológicas e políticas, como condição básica para o êxito das ações de massa. A luta ideológica de crítica à orientação anarquista era sobretudo uma luta contra o sectarismo, fator de divisionismo, isolamento e impotência. "É imprescindível levar em conta as lições do passado" — lia-se em editorial do *Movimento Comunista* consagrado ao problema de reorganização sindical — "se não queremos incidir nas mesmas falhas e nos mesmos erros, que inevitavelmente nos levariam às mesmíssimas derrotas".

A propaganda das ideias comunistas era realizada não só sob forma impressa, através do mensário citado e da difusão de livros e folhetos, como também sob a forma de conferências, palestras, festas, etc. Geralmente, as conferências e palestras — algumas de caráter polêmico — se efetuavam nas sedes dos sindicatos operários. No concernente à propaganda impressa, acrescentemos que diversos jornais sindicais, quase sempre redigidos por líderes sindicais que eram ao mesmo tempo dirigentes do Partido, publicavam em suas colunas os nossos materiais — artigos, polêmicas, notas informativas, e mesmo alguns trabalhos teóricos dos clássicos do marxismo. O *Manifesto Comunista*, cuja primeira edição brasileira, sob a forma de livro, data de 1924, foi publicado antes em números sucessivos da *Voz Cosmopolita*, semanário dos trabalhadores em hotéis, restaurantes e cafés.

Os comunistas brasileiros participaram ativamente da campanha mundial em favor de Sacco e Vanzetti: no Rio de Janeiro, a campanha foi dirigida pela Federação dos Trabalhadores do Rio de Janeiro, com o apoio decidido dos comunistas. Houve também, por essa época, uma campanha de âmbito nacional em favor do marítimo brasileiro José Leandro da Silva, vítima de injusta condenação por parte de tribunais da reação: os comunistas colocaram-se na primeira linha do combate.

Nos meios intelectuais, a fundação do Partido não teve repercussão imediata. Lima Barreto veio a falecer precisamente no ano de 1922, mas tudo leva a crer que tomaria posição a favor do Partido. Outro escritor e jornalista, residente no Rio, que vinha também do anarquismo e que desde o início formou ao lado dos comunistas, foi Domingos Ribeiro Filho, durante muitos anos redator-chefe da popular revista *Careta*. Em São Paulo, o veterano Afonso Schmidt foi dos primeiros a escrever em defesa do comunismo e da Revolução Russa. Ainda em São Paulo, o poeta Raimundo Reis, já falecido, e o jornalista Everardo Dias, provado combatente revolucionário, foram dos primeiros a aderir ao Partido. Em Pernambuco devemos mencionar o professor Cristiano Cordeiro, líder popular de grande prestígio, que organizou o Grupo Comunista do Recife e foi seu delegado ao congresso de fundação do Partido. Rodolfo Coutinho, então jovem estudante pernambucano, deve ser lembrado entre os primeiros intelectuais que ingressaram no Partido.

Convém recordar que a formação do Partido se processou durante meses de extrema tensão política, motivada sobretudo pela campanha da sucessão presidencial. Realizada a eleição a 1º de março de 1922, a luta política, em vez de amainar, cresceu de intensidade e virulência. A 5 de julho, o Forte de Copacabana tomou a palavra. Foi vencido, mas continuou fumegando. O governo decretou o Estado de sítio. Com isso, viu-se o Partido jogado na ilegalidade, três meses e pouco depois do congresso de fundação. Tudo se complicou enormemente daí por diante. Mas o fato mais significativo que devemos aqui salientar é que o Partido não desapareceu, nem cessou a sua atividade, nas novas e difíceis condições criadas pelo sítio.

MOVIMENTO COMUNISTA

Em janeiro de 1922 publicou-se no Rio de Janeiro o primeiro número da revista *Movimento Comunista*, "Mensário de doutrina e informação internacional", editado pelo Grupo Comunista do Rio de Janeiro. Foi a primeira publicação periódica declaradamente comunista que apareceu no Brasil[1], conforme se pode verificar pelas palavras iniciais de seu artigo de apresentação. "Este mensário, órgão dos Grupos Comunistas do Brasil, tem por fim defender e propagar, entre nós, o programa da Internacional Comunista. Dentro dos modestos limites de nossas possibilidades, pretendemos torná-lo um repositório mensal fidedigno de doutrina e informação do movimento comunista internacional."

Era uma revista de pequeno formato, com cerca de trinta páginas, tendo saído assim, mais ou menos regularmente, até dezembro de 1922, com um número extraordinário consagrado ao 1º de Maio. Dizemos mais ou menos irregularmente porque, em consequência do levante de 5 de julho daquele ano, o número de agosto atrasou-se, saindo junto com o de setembro, num só fascículo. Ao todo, treze números em doze fascículos, publicados durante o ano, formando um volume de 390 páginas numeradas seguidamente, com um índice final.

Após o congresso de fundação do Partido, cuja notícia aparece em seu número de junho, *Movimento Comunista* passou a editar-se como órgão e sob a responsabilidade do Partido, mas com a mesma direção e

---

[1] Outras apareceram antes, mas apenas de tendência comunista ou simpatizando com a Revolução Russa. De um modo geral, todos os periódicos operários e esquerdistas, editados no Brasil entre 1917 e 1921, fossem quais fossem suas tendências (anarquistas, sindicalistas ou socialistas), defendiam a Revolução de Outubro.

redação. Não temos elementos para comprovar qual fosse a sua tiragem. Entretanto, o balanço financeiro da revista, relativo ao ano de 1922, apresenta alguns dados precisos, pelos quais é possível calcular a sua tiragem total anual em pelo menos 15 mil exemplares. Acrescentemos, a título de curiosidade, que o movimento financeiro dos treze números publicados no ano atingiu a soma de 5 874$150, com um saldo em caixa de 340$000. As assinaturas custavam 5$000 e 10$000 por seis e doze meses, respectivamente. Tudo isso nos parece hoje insignificante, mas assim era a vida do Partido em seus primeiros tempos — e esta consideração serve para dar a medida do seu ulterior desenvolvimento.

A sede do Partido — uma salinha no sobrado da praça da República nº 40, esquina da rua da Constituição — fora fechada pela polícia logo após o Estado de sítio decretado a 5 de julho. Daí por diante, a clandestinidade se tornaria uma regra quase sem exceção na vida partidária dos comunistas. Entretanto, *Movimento Comunista* continuou a publicar-se, com a sua administração "transferida" para São Paulo (pois o Estado de sítio limitava-se inicialmente ao Distrito Federal e estado do Rio). Tratava-se de um pequeno disfarce: a verdade é que tanto a sua redação como a impressão, feita em tipografia de confiança, nunca saíram do Rio, servindo o endereço de São Paulo unicamente para a correspondência.

Malgrado tudo, a revista ia melhorando de feição e alargando a sua influência, conforme o atestam os números aparecidos a partir de janeiro de 1923, já em formato maior, com ilustrações, e desde então editados quinzenalmente. Ao iniciar-se a nova fase, a redação assim se exprimia quanto ao resultado obtido no primeiro ano de existência de *Movimento Comunista*: "uma coisa ninguém nos poderá negar — é a profunda influência renovadora exercida por estes modestos fascículos na mentalidade revolucionária da vanguarda proletária do Brasil".

Para se compreender a verdade dessa afirmação, é preciso lembrar que a influência anarcossindicalista era ainda considerável no movimento operário, e que os próprios militantes comunistas, vindos quase todos do anarquismo, não se haviam libertado completamente dela. Mas é um fato que os pequenos fascículos de *Movimento Comunista* contribuíram tenazmente, nas condições então existentes, para clarificar a diferenciação ideológica entre comunismo e anarquismo, e assim mostrar a oposição que os separava na teoria e na prática.

O último número de *Movimento Comunista* saiu a 10 de junho de 1923, constando a sua coleção completa de 24 fascículos, treze datados de 1922 e onze datados de 1923. É uma coleção que se tornou raridade bibliográfica e que em suas páginas guarda não poucos elementos importantes para a história da formação do Partido Comunista do Brasil.

Recordemos que 1922 e 1923 foram anos de agravação da crise política em que se debatia o Brasil, em consonância, aliás, com a situação de instabilidade política mundial que se seguiu à guerra de 1914-1918. O levante de 5 de julho de 1922, se por um lado representou o ponto final na agitação promovida pela chamada Reação Republicana, por outro lado pode-se dizer que marcou o ponto inicial de uma série de levantes, que culminariam em 1930, com o movimento desencadeado pela Aliança Liberal. Foi o período em que se formou a Coluna Prestes, que tamanha repercussão viria a produzir no desenvolvimento da Revolução Brasileira.

Hoje podemos compreender melhor o significado histórico de tais acontecimentos, que refletiam na superfície política, de modo turbulento e com apelo às armas, as contradições e os choques resultantes do processo subterrâneo de desintegração que abalava a estrutura econômica do país. Mas a direção do Partido não assimilara ainda suficientemente o pensamento marxista sobre os problemas relativos ao conteúdo social da revolução em países do tipo do Brasil, e daí, muito naturalmente, os erros cometidos na apreciação dos acontecimentos e na orientação da atividade partidária. Isto se torna claro ao lermos hoje o que se publicava então em nossa revista sobre a situação política brasileira.

Positiva e benéfica foi, não obstante, a sua influência, em nosso meio, como veículo de divulgação e informação acerca do movimento comunista internacional — justificando destarte o seu próprio título. Artigos sobre a Revolução de Outubro, sobre a atividade dos partidos comunistas do mundo inteiro, sobre o movimento operário em geral, merecendo destaque os artigos consagrados ao debate de certos problemas teóricos — por exemplo, o problema sobre todos candente da ditadura do proletariado. Os materiais dessa natureza eram todos ou quase todos traduzidos, recurso aliás de que se valeria o Partido por muitos anos ainda, até recentemente. O movimento operário brasileiro não possuía nenhuma tradição marxista, razão, senão decisiva, pelo menos explicável, das insuficiências teóricas da direção do Partido; mas, a redação de *Movimento Comunista*, ao selecionar e divulgar certos materiais de conteúdo teórico, fazia-o com espírito crítico, tendo sempre em vista os objetivos imediatos da luta ideológica em que se empenhava.

Um aspecto muito significativo do trabalho realizado pela revista é o que se refere à luta contra a preparação de novas guerras. E aqui devemos salientar o fato de certas intrigas belicistas entre a Argentina e o Brasil, tramadas, naquela época, por agentes imperialistas e vendedores de armamentos a serviço da França e dos Estados Unidos, intrigas essas denunciadas em artigos sucessivos.

Ainda a crédito do órgão comunista brasileiro devemos mencionar a sua firme posição de combate ao fascismo italiano que assaltara o Poder em fins de outubro de 1922. Para esclarecer a opinião pública em nosso país, já em janeiro seguinte *Movimento Comunista* estampava um artigo do então deputado Umberto Terraccini, um dos fundadores do PC italiano, depois exilado no estrangeiro por muitos anos e que regressaria à Itália eleito senador, após a liquidação do fascismo. Outros artigos e notas informativas sobre a situação italiana foram publicados em números sucessivos da revista, inclusive as moções antifascistas aprovadas nos comícios de 1º de maio de 1923, realizados em várias cidades brasileiras. *Movimento Comunista* soube refletir em suas páginas os sentimentos democráticos e pacifistas do nosso povo, e sua posição radical contra o banditismo fascista era uma demonstração de que a classe operária brasileira e seu Partido compreenderam claramente, desde o primeiro momento, o que representava o fascismo, instrumento da reação e do imperialismo, base política e ideológica de preparação da Segunda Guerra Mundial.

Lembrarei, por fim, que mesmo em certos círculos intelectuais a nossa revista era lida com atenção e simpatia. Temos prova disso na carta que o professor Castro Rebelo dirigiu a Marx Fleiuss, em 26 de abril de 1923, acusando o recebimento do seu livro, *História administrativa do Brasil*, carta, essa que vem reproduzida na segunda edição do livro e na qual o missivista cita *Movimento Comunista*, com referências elogiosas a um pequeno estudo estampado em suas páginas sobre a dinâmica da população brasileira de 1822 a 1922.

Movimento Comunista era uma publicação modesta, deficiente, de alcance forçosamente muito limitado. Não estou querendo exagerar nem embelezar o seu papel; mas é claro que esse papel só pode ser devidamente avaliado e compreendido levando-se em conta as condições existentes no Brasil ao tempo em que se fundou o Partido e em que se publicou a revista. O que é certo é que durante ano e meio, honestamente e como pôde, ela buscou servir à classe operária e à causa do socialismo em nossa terra.

REORGANIZAÇÃO DAS BASES DO PARTIDO

Pouco antes do II Congresso do Partido, reuniu-se a 22 de fevereiro de 1925 uma importante conferência dos delegados de células e núcleos (frações sindicais) existentes no Rio e Niterói, convocada pela Comissão Central Executiva e realizada em conjunto com esta última. Da ordem do dia constavam dois pontos: 1º — sobre o recrutamento de novos membros e sua organização em células de empresa; 2º — sobre a publicação de um jornal semanal de massas.

Já em junho de 1924, a direção nacional dera os primeiros passos para a adoção da resolução da IC sobre a reorganização dos partidos à base de células de empresa. Um plano minucioso fora então traçado com esse objetivo. A conferência de fevereiro de 1925 tinha por finalidade dar um balanço crítico no trabalho já realizado no Rio e Niterói e ao mesmo tempo tomar novas medidas práticas para ampliação das fileiras do Partido e sua reorganização segundo as diretivas estabelecidas no plano em questão.

A conferência discutiu as teses apresentadas pela CCE sobre os fundamentos políticos e orgânicos que levavam os partidos comunistas, a exemplo do Partido soviético, a adotar o sistema de células de empresa, como a forma de organização mais adequada às suas tarefas de ligação com as massas. As referidas teses estavam redigidas num tom de generalidade teórica, de que escapava apenas uma parte, dedicada ao exame da situação orgânica do Partido no Rio e Niterói. Evidenciava-se aí a sua grande debilidade em relação às possibilidades reais existentes. Vale a pena citar essa parte das teses:

> No Rio e em Niterói, onde possuímos metade dos membros de todo o PC, contamos um máximo de 150 aderentes. É uma insignificância a bem dizer

ridícula. É o Rio o centro industrial mais denso do País, onde se acha concentrada uma já volumosa massa obreira. As estatísticas indicam para a população laboriosa do Distrito Federal um número superior a 300.000 pessoas. Só a indústria propriamente fabril conta, aqui, mais de 1.500 estabelecimentos com cerca de 60.000 operários (dados incompletos). Os transportes de toda natureza empregam mais ou menos 45.000 pessoas. A indústria têxtil, a mais importante, conta ao todo mais de 70 estabelecimentos com um total de cerca de 20.000 operários. Destes, mais de 15.000, isto é, mais de 75%, trabalham em apenas 10 grandes fábricas de tecidos de algodão. Segundo o censo de 1920, o número global de estabelecimentos fabris contando, cada um, mais de 100 operários, é de 99, com um total de 35-842 operários. Digamos, 100 estabelecimentos e 35.000 operários. Ora, nós precisamos, para começar, de organizar uma célula em cada um desses 100 estabelecimentos, o que nos trará de pronto uns 400 novos aderentes. Juntemos a esses 400 da grande indústria os 150 membros que já possuímos e mais outros 50 novos, dos transportes, etc., aí temos 600 membros. Quantidade ainda insignificante: 2 por mil ou 0,2% sobre o total das massas laboriosas do Distrito Federal! Mas necessitamos de os conquistar, rapidamente, dentro de poucos meses. Tomemos a peito a tarefa: uma célula em cada uma das grandes 100 empresas, até 30 de junho próximo. Seis meses depois, ao terminar o ano, teremos duplicado, triplicado o número de nossos aderentes, e então já iremos parecendo um PC, o destacamento organizado da vanguarda de nosso proletariado.

Traça-se, em seguida, o plano com indicações precisas para o recrutamento de novos membros do Partido e sua organização em células de empresa. Na realidade, era um plano apenas traçado no papel, com muito entusiasmo e muito boa vontade, mas sem tocar naquilo que era fundamental — o recrutamento em estreita ligação com as lutas de classe operária, e delas participando o Partido ativamente.

A conferência discutiu também o projeto de reorganização da estrutura do Partido, elaborado em junho de 1924, introduzindo no mesmo algumas modificações. Porém, só o II Congresso, que se reuniria em breve, poderia dar forma definitiva à reorganização mediante adoção de novos estatutos do Partido.

O segundo ponto da ordem do dia teve um caráter puramente prático, visto não haver qualquer dúvida sobre a necessidade que havia de um jornal de massas editado pelo Partido. O plano traçado pela direção examinava as possibilidades reais de publicação do jornal, e a conferência, ao discuti-lo e aprová-lo, lançou as bases do semanário, que viria a sair dois meses depois — *A Classe Operária*.

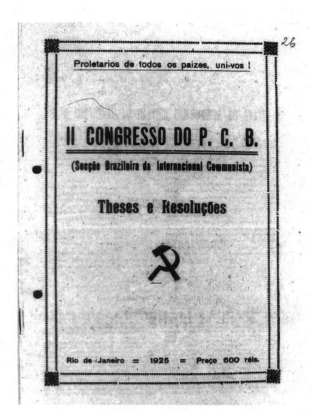

Capa das teses do II Congresso do PCB, realizado no Rio de Janeiro entre os dias 16 e 18 de maio de 1925.

NOTÍCIA DO II CONGRESSO

Conforme convocação feita em tempo, reuniu-se o II Congresso do PCB nos dias 16, 17 e 18 de maio de 1925, num sobrado da antiga rua Senador Eusébio (hoje lado direito da avenida Presidente Vargas), não muito distante da também desaparecida praça Onze.

A ordem do dia ficou assim estabelecida: 1) Relatórios; 2) A situação política nacional; 3) A situação internacional; 4) Organização. Reforma dos estatutos do PCB. As células. Os comitês regionais. Reorganização dos serviços da CCE; 5) Agitação e propaganda; 6) Sindicatos e cooperativas; 7) A organização da JC; 8) Eleição da CCE e da CCC; 9) Diversos.

Além dos membros da antiga Comissão Central Executiva (seis presentes), tomaram parte no Congresso os delegados das organizações do Rio e Niterói (cinco), Pernambuco (dois), São Paulo (um), Santos (dois), Cubatão (um). Não compareceu a delegação do Rio Grande do Sul, por impossibilidade ocasional.

Uma sessão preparatória, reunida no dia 15, regularizara o modo de funcionamento do Congresso e nomeara as várias comissões. Toda a primeira sessão, realizada no dia 16, foi consagrada aos relatórios das organizações regionais e ao relatório da direção nacional, fazendo-se neles a prestação de contas da atividade desenvolvida pelo Partido desde sua fundação.

As teses discutidas e aprovadas em plenário, e publicadas mais tarde, são documentos importantes para a história política do Partido; mas sua análise escaparia à natureza deste livro, e assim nos limitaremos a algumas referências que as caracterizem, fazendo ressaltar entretanto os seus aspectos positivos.

As teses sobre a situação política nacional baseavam-se na concepção dualista "agrarismo-industrialismo", dominante na direção do Partido. Fala-se aí em luta entre o capitalismo agrário semifeudal e o capitalismo industrial moderno como sendo a contradição fundamental da sociedade brasileira após a República.

Partindo de tais concepções, que resultavam de uma aplicação mecânica e arbitrária do método dialético na análise da situação brasileira, os movimentos que desembocaram no 5 de julho de 22 e no 5 de julho de 24 são simplesmente enquadrados no esquema "agrarismo-industrialismo", e dentro desse enquadramento isolados do contexto vivo da situação política.

Ao considerar o "fator imperialista", as teses dizem que ele devia "também" ser levado em conta na caracterização da política nacional. Era um fator como outro qualquer, talvez até secundário. Corretos, em geral, são os dados enumerados, nessa parte das teses, relativamente à penetração imperialista anglo-americana em nosso país. Não é demais transcrevê-los:

> a) Empréstimos. Aos banqueiros ingleses, tradicionais credores do Brasil, devemos, após cem anos de repetidos empréstimos, mais ou menos 140.000.000 de esterlinos. O primeiro empréstimo de capitais americanos feito ao Brasil data de 1918. Hoje o Brasil deve aos Estados Unidos, só de empréstimos (nacionais, estaduais e municipais), cerca de 150.000.000 de dólares.
> b) Capital industrial. O de origem inglesa monta a perto de 120.000.000 de esterlinos. O de origem ianque vai a cerca de 250.000.000 de dólares. A notar que a Brazil Traction Co. (Light), canadense, está anotada como de origem inglesa, com seus 50.000.000 de esterlinos de capital, quando, com efeito, como toda a economia canadense, vai-se tornando cada vez mais subsidiária da finança norte-americana.
> c) Café. Os capitais ingleses invertidos em fazendas de café sobem a mais de 3.000.000 de esterlinos. Ficou famosa a compra de uma das maiores fazendas de café de São Paulo, feita há pouco, por empresa britânica, no valor de 20.000 contos. Ora, o principal comprador de café brasileiro é o mercado ianque (cerca de dois terços). Quer dizer: a luta do mercado americano comprador

de café não é sustentada somente contra o fazendeiro "brasileiro", mas também contra o capitalismo "inglês", interessado na produção brasileira.

d) Borracha. A produção da borracha nas colônias inglesas da Ásia, feita cientificamente, matou a produção amazônica, natural, mas irracional. Em 1923, a produção da borracha britânica subiu a 300.000 toneladas num total mundial de 370.000 toneladas. Ora, só os Estados Unidos consumiram, naquele mesmo ano, as 300.000 toneladas correspondentes à produção britânica. Quer dizer: dependência absoluta do mercado americano à produção britânica. Daí o interesse dos Estados Unidos, nestes últimos tempos, pela Amazônia.

e) Algodão. Em sentido inverso, uma luta semelhante se trava pela posse desta matéria-prima. Os Estados Unidos, além de grandes consumidores, são também grandes produtores de algodão. A Inglaterra precisa cada vez mais da preciosa fibra. Daí, as vistas, as visitas e os capitais ingleses postos nas possibilidades da cultura algodoeira no Brasil.

f) Exportação do ouro. Cálculos autorizados apontam a soma de 30.000.000 de esterlinos como total dos juros anuais de origem diversa remetidos pelo Brasil para o estrangeiro. São os juros do capital imperialista empregado na exploração direta do trabalho brasileiro. É uma soma formidável, mais ou menos equivalente à receita anual do governo da União.

Da consideração desses dados, aliás ainda incompletos, as teses concluem por enquadrá-los igualmente no esquema de base: O imperialismo inglês "apoiando" o industrialismo.

Faz-se em seguida uma tentativa de classificação social das massas laboriosas existentes no país, mas tudo ainda superficial, sem dados reais bastantes.

Ainda mais superficial, a tese em que se pretende definir o caráter e os rumos da política proletária. Mera generalidade supostamente teórica, coisa tanto mais grave de se constatar visto que se tratava precisamente do ponto nevrálgico da linha política a ser seguida pelo partido do proletariado.

As conclusões práticas a que chega o documento, apresentadas como diretivas políticas para a atividade imediata do Partido, são apenas o reflexo lógico da concepção esquemática em que se fundamentavam as teses.

As teses sobre a situação internacional possuem um caráter meramente descritivo e panorâmico, sem qualquer feição analítica ou interpretativa.

O quarto ponto da ordem do dia trata dos novos estatutos do Partido — simples adaptação do modelo elaborado pela IC.

As teses consagradas ao trabalho de agitação e propaganda não são propriamente "teses", constituindo antes um vasto plano de trabalho, tudo muito minucioso e inspirado mais pela vontade idealista de fazer do que pela avaliação das possibilidades reais.

O documento sobre as tarefas dos comunistas nos sindicatos operários, se bem que também impregnado de espírito idealista, oferece, no entanto, alguns aspectos positivos, que resultavam da própria experiência vivida pelo Partido, que a bem dizer nasceu dentro dos sindicatos. Em 1925, quando se reuniu o II Congresso do Partido, o movimento sindical brasileiro atravessava uma fase difícil, em ligação com a situação geral do país, cuja estrutura econômica fora abalada em consequência da Primeira Guerra Mundial e sofria os efeitos de sucessivas insurreições militares, estados de sítio prorrogados de ano para ano, a Coluna Prestes realizando sua marcha audaciosa através do território nacional.

O documento aprovado pelo II Congresso caracteriza nos termos seguintes a situação do movimento sindical:

> Três são as tendências dos nossos sindicatos: anarquista, comunista e amarela ou reformista.
>
> Fruto de artesanato e da pequena indústria, o anarquismo (por consequência os artesãos e parte dos operários da pequena indústria), como expressão ideológica pequeno-burguesa, vive afastado do convívio das grandes massas, e sem o menor contato com a média e grande indústria.
>
> Os comunistas provaram sua firmeza de orientação e ação durante os últimos acontecimentos.
>
> Assim é que, a despeito do fechamento de suas sedes e prisões de militantes, os sindicatos onde nossos núcleos atuam mantiveram seus efetivos, intactos uns e mesmo aumentados outros.

Todavia, do ponto de vista numérico e social, os sindicatos da terceira tendência são os mais importantes.

Estes últimos compreendiam principalmente os transportes marítimos e terrestres, os portuários, e parcialmente os da indústria têxtil.

Depois desse balanço das forças operárias organizadas em sindicatos, o documento traça todo um complexo plano de "reorganização e organização", plano evidentemente vasto demais, sem apoio nas condições reais existentes, e que, em vez de facilitar, viria de fato dificultar o trabalho dos comunistas nos sindicatos. Em compensação de tais aspectos negativos, o documento coloca o problema da unidade sindical como sendo a base, o centro, a condição mesma de desenvolvimento e fortalecimento da ação sindical de massas. Neste ponto o II Congresso mantinha plenamente a orientação unitária, que era uma constante na vida do Partido desde a sua fundação.

Sobre o problema do cooperativismo, que figurava na ordem do dia, o II Congresso limitou-se a aprovar uma série de recomendações susceptíveis de despertar a atenção do Partido para a sua importância.

A criação da Juventude Comunista fora já decidida desde janeiro de 1924, em sessão ampliada da CCE. O II Congresso, constatando que só no Rio se havia iniciado sua organização, insiste em que a questão fosse encarada seriamente por todo o Partido.

A respeito do semanário *A Classe Operária*, cujo primeiro número aparecera algumas semanas antes, o Congresso aprovou a moção seguinte, que nos parece útil citar por extenso:

> O II Congresso do PCB acentua a necessidade de se intensificar o esforço de todas as organizações do Partido no sentido da sustentação e divulgação, principalmente divulgação, de *A Classe Operária*.
> A aceitação geral com que foi recebido, no seio do proletariado, o nosso jornal, cuja tiragem vai progressivamente aumentando de número para número, bem comprova a importância imensa da imprensa comunista na obra de penetração e influenciação entre as mais largas massas.
> O II Congresso indica, desde logo, como meio prático de ajuda ao jornal, que por toda a parte, nas oficinas e fábricas das cidades, como nas pequenas

cidades e fazendas e usinas do interior, se constituam comitês pró-*A Classe Operária*, dedicados especialmente à propaganda e divulgação do nosso órgão. De resto, esses comitês terão uma dupla importância: ao mesmo tempo que serão a mais preciosa ajuda ao jornal, tornar-se-ão verdadeiros instrumentos proletários de propaganda, agitação e organização — abrindo caminho para a constituição de células do Partido e de comitês de fábrica à base dos sindicatos.

A prática posterior confirmaria o que havia de acertado e prático nessas recomendações.

Ao encerrar seus trabalhos, o II Congresso aprovou duas outras moções: uma, de saudação aos partidos comunistas de todos os países, especialmente os das Américas; outra, de protesto contra os golpes da reação mundial, citando os casos recentes de operários brasileiros deportados para o Oiapoque e os massacres levados a efeito na Bulgária pelos bandos fascistas chefiados por Tsankov.

Com todas as críticas que lhe podemos fazer, o II Congresso representa um certo avanço na vida do Partido. Suas teses políticas revelam profundas debilidades, agravadas pelas difíceis condições em que se debatia o país, mas ao mesmo tempo denotam inegável esforço por acertar o rumo e levar por diante as tarefas do Partido. Importa sobretudo verificar que em 1925 já o Partido começava a aparecer com uma fisionomia própria de partido comunista.

A CLASSE OPERÁRIA

A publicação de *A Classe Operária*, em 1925, resultou de um plano maduramente pensado e traçado pela direção do Partido. Tratava-se de lançar um jornal de massas — um "jornal de trabalhadores, feito para trabalhadores". Estávamos em Estado de sítio — decretado em 5 de julho de 1924 e sucessivamente prorrogado até 31 de dezembro de 1926 —, o que tornava ainda mais difíceis as naturais dificuldades de um empreendimento dessa natureza. Vencidas, porém, as dificuldades mais imediatas, pôs-se na rua o primeiro número do jornal, a 1º de maio de 1925. Sua tiragem, 5 mil exemplares, relativamente considerável, esgotou-se logo, e foi sendo aumentada mais e mais a partir do segundo número. Vendia-se diretamente nas fábricas e locais de trabalho, bem como nas sedes dos sindicatos operários, por membros do Partido e simpatizantes, alargando-se de semana em semana o círculo dos seus leitores. O êxito obtido ultrapassava, em suma, os cálculos mais otimistas. E isto significava que *A Classe Operária*, com todas as suas insuficiências e deficiências, correspondia a uma necessidade sentida pela massa operária, aparecendo e impondo-se como um genuíno porta-voz dos trabalhadores.

A reação compreendeu-o muito bem — tanto assim que proibiu a sua circulação quando atingia o número 12, menos de três meses depois do número inaugural[1].

---

[1] Proibida de circular *A Classe Operária*, a direção do Partido utilizou as possibilidades que lhe ofereciam os pequenos jornais sindicais, principalmente no Rio, São Paulo e Santos, fazendo estampar em suas colunas não só artigos como também importantes materiais de agitação e propaganda do Partido. Em 7 de novembro de 1925, a direção publicou uma folha de quatro páginas com o título precisamente de "7 de novembro", dedicado Ao oitavo aniversário da Revolução de Outubro, com as Teses da IC para o

Sabe-se que o seu reaparecimento só se tornou possível em 1928, com a mesma feição primitiva de jornal legal de massas. Durou isso um ano e tanto. Em meados de 1929 foi a sua redação invadida e depredada, o mesmo aliás acontecendo a numerosos sindicatos operários: nova e furiosa onda reacionária caía sobre as massas trabalhadoras, que se organizavam e lutavam por suas reivindicações... Mas data de então, justamente, a luta heroica de *A Classe* contra a reação policial. Travou-se entre ambas um verdadeiro duelo, que durou mais de quinze anos. Dezenas de tipografias, ora pertencentes a amigos do Partido, ora de propriedade do Partido, foram invadidas e empasteladas; muitas dezenas de camaradas, incumbidos de sua redação ou da sua administração, caíram nas garras da reação, submetidos às piores torturas; mas *A Classe Operária* reaparecia sempre, e já então propriamente como órgão central do Partido Comunista do Brasil. As condições criadas pela rigorosa clandestinidade levaram a essa mudança em sua feição primitiva.

Nesse caráter pôde *A Classe*, durante os mais negros anos do Estado Novo, manter viva a chama do comunismo, levando aos trabalhadores de todo o país, nas cidades e nos campos, a palavra do seu Partido, a palavra de fé e confiança em melhores dias. Melhores dias chegaram, com efeito, e com eles surgiu de novo *A Classe Operária* para a vida legal. Os tempos, no entanto, eram outros, exigindo o cumprimento de outras e novas tarefas. Em março de 1946 encontrava-se instalada, sobre os escombros do Estado Novo, a Assembleia Nacional Constituinte — e nessa assembleia havia quinze constituintes comunistas eleitos pelo povo brasileiro. Só a enunciação desse fato basta para mostrar a profunda diferença existente entre 1946 e os anos passados de ilegalidade do Partido Comunista e do seu órgão central.

---

trabalho de propaganda em torno da Revolução, artigos de Lênin, etc. Publicação idêntica se fez por ocasião do segundo aniversário da morte de Lênin, com o título "Wladimir Ilitch" e contendo as Teses sobre a data elaboradas pelo Secretariado Sul-Americano da IC, além de vários artigos sobre a personalidade de Lênin, etc.

Hoje, *A Classe Operária* realiza uma obra diversa daquela de outrora, que era mais de pura agitação: sua missão precípua consiste agora em educar, orientar e organizar o proletariado — isso na sua qualidade de órgão central de um Partido Comunista de massas, que representa importante papel histórico no presente período de luta pacífica pela consolidação da democracia.

A festa do primeiro aniversário da nova fase legal de *A Classe Operária* é motivo de especial satisfação e alegria para todos os comunistas. Lembramo-nos com verdadeira ternura da nossa velha *Classe*, e honramos a memória dos camaradas que por ela e pelo Partido tombaram nos dias terríveis da ilegalidade. Mas é bom acrescentar: sem nenhum saudosismo, sem nenhum pieguismo. Olhamos para o passado não pelo passado em si mesmo, por mais venerável que seja, mas buscando nele e na sua lembrança a inspiração, a lição, o estímulo para as novas, mais belas e mais importantes jornadas que temos pela frente. Essa compreensão do passado é que explica o "milagre" do permanente rejuvenescimento do comunismo e do trabalho comunista. E eis por que *A Classe Operária* nos parece muito mais jovem e vigorosa à medida que os anos vão passando na trama inexorável e renovadora da história.

(1947)

Convocação para a manifestação do 1º de maio de 1928 no jornal *A Classe Operária*.

A NAÇÃO DE 1927

A breve história do vespertino comunista *A Nação*, que se publicou no Rio de Janeiro durante alguns meses de 1927, precisamente de 3 de janeiro a 11 de agosto, confunde-se, de maneira, muito acentuada, com a própria história do Partido naquele também breve período de legalidade.

A Nação era título de propriedade do jornalista Leônidas de Resende, cuja posição de extremado combate ao governo Bernardes lhe acarretara perseguições e prisões, acobertadas pelo Estado de sítio, disto resultando inclusive a suspensão do seu jornal. Intelectual de formação positivista, aproveitou os ócios do cárcere para estudar as teorias socialistas, que adquiriam ardente atualidade ao calor da Revolução Russa em desenvolvimento. Sem se desprender totalmente de certas concepções de Comte, Leonidas de Resende aproximou-se resolutamente das posições revolucionárias do marxismo-Lêninismo, e nessa disposição de espírito é que procurou a direção do PCB, em fins de 1926, novembro ou dezembro, propondo-lhe retomar a publicação do jornal como órgão comunista a serviço do Partido. Os entendimentos se fizeram facilmente, como se pode imaginar, marcando-se data para o reaparecimento da folha sob nova feição, com três membros da direção do Partido em sua redação.

No cabeçalho do jornal, que saiu a 3 de janeiro de 1927, evidenciavam-se à primeira vista os veementes sinais do seu novo caráter: desenho com a foice e o martelo, o dístico "Proletários de todos os países, uni-vos!", versos da Internacional, uma frase de Lênin. Em dois longos editoriais sem assinatura, um na primeira página e outro na terceira, Leônidas de Resende explicava por que se tornara comunista e, em consequência, por que adotava o jornal a nova orientação.

Não está no plano destas notas detalhar o que foram os sete meses de existência do novo jornal, primeiro diário comunista publicado no Brasil. Temos que nos contentar, por agora, com um rápido relato de suas campanhas de agitação — trepidantes campanhas que hoje nos parecem por demais trepidantes.

Logo no seu segundo número, a 4 de janeiro, *A Nação* anunciava a publicação, no dia seguinte, de importante documento — "destinado a causar profundo reboliço nos meios políticos nacionais". No dia seguinte, com efeito, o jornal abria a primeira página com a matéria anunciada — "Carta aberta da Comissão Central Executiva do PCB", dirigida a várias organizações políticas operárias e a certos políticos tidos como homens de esquerda, propondo-lhes a formação de um Bloco Operário a fim de assim unidos apresentarem candidatos comuns às eleições para o Congresso Nacional, que se realizariam a 24 de fevereiro. A "Carta aberta" era acompanhada de uma plataforma eleitoral contendo uma série de reivindicações imediatas tendo em vista os "interesses e as aspirações das massas laboriosas em geral". Era o lançamento do Bloco Operário, ainda restrito ao Rio de Janeiro e que mais tarde se ampliaria a outros estados com a denominação de Bloco Operário e Camponês. Em capítulo à parte, trataremos do BOC, que tamanha importância viria a ter na vida do Partido.

A Nação assumiu o comando da campanha eleitoral, que alcançou enorme repercussão. Foram oito semanas de intenso trabalho de agitação, propaganda e arregimentação — arregimentação não só de eleitores como também de novos membros do Partido. E a eleição de 24 de fevereiro, apesar do extremo sectarismo da campanha, constituiu uma grande vitória para o Partido Comunista, organizador e dirigente do Bloco Operário. No dia seguinte da eleição, um jornal de feição sensacionalista exclamava: "A bandeira vermelha tremulará pela primeira vez no Congresso Nacional!".

E tremulou mesmo, e isto significava que o Partido Comunista do Brasil, nascido e criado na ilegalidade, obscuramente, surgia e se firmava de repente como partido legal da classe operária. Ao novo jornal cabia o mérito principal dessa importante conquista do proletariado brasileiro.

Justamente por ser um jornal orientado pelo partido da classe operária, *A Nação* desde seu primeiro número consagrou uma página inteira ao movimento sindical, publicando diariamente amplo noticiário, notas, artigos, documentos, tudo enfim que pudesse contribuir para o fortalecimento da organização e das lutas operárias. Ponto alto desse permanente interesse do jornal foi o apoio dado à preparação e realização do Congresso Sindical Regional reunido no Rio durante a última semana de abril de 1927.

Foi um congresso importante, de que participaram delegados de quase todos os sindicatos existentes no Rio e municípios vizinhos, e também representantes de alguns comitês de fábrica e das minorias sindicais daqueles poucos sindicatos que por um motivo ou outro não aderiram ao Congresso. De sua ordem do dia constavam três pontos: 1) A unidade do movimento sindical; 2) Os comitês de fábricas e oficinas; 3) Estatutos da Federação Sindical Regional do Rio. As sessões do Congresso, que duraram cinco dias, constituíram a matéria principal do jornal na semana anterior ao 1º de Maio.

O comício de 1º de Maio, levado a efeito na praça Mauá, foi de certo modo o coroamento do Congresso Sindical. Três semanas antes já *A Nação* estampara, em grandes títulos de primeira página, um veemente apelo à classe operária no sentido de se prepararem as comemorações do Dia do Trabalho com espírito unitário e combativo. Em sua edição de 1º de maio o jornal apareceu com as quatro páginas cheias de material consagrado à data e aos problemas do movimento comunista mundial. Vale a pena citar: Manifesto da direção do PCB, expondo as reivindicações da classe operária; Resolução sindical adotada no Congresso Contra a Opressão Colonial e o Imperialismo, reunido em Bruxelas alguns meses antes; artigo da redação sobre "As origens do Primeiro de Maio", notícia do 7º Congresso dos Sindicatos Operários da URSS; artigo de A. Herclet sobre "O proletariado na Revolução Chinesa"; artigo sem assinatura sobre os lucros da indústria do Estado na URSS; "Todos ao Comício da praça Mauá", apelo do Comitê Central pró-CGT; documento do Secretariado

Sul-Americano da IC sobre a ditadura militar fascista no Chile; apelo ao proletariado do Espírito Santo firmado pelo Comitê Regional do PCB naquele Estado; "As principais tarefas da Internacional Comunista na atualidade", documento da IC; "Os Partidos Comunistas e os sindicatos", documento da IC; "O futuro está no comunismo", artigo de Lênin; "O orçamento do operário na União Soviética", artigo de Strumilin; reprodução de fotografias do comício do 1º de Maio de 1919 na praça Mauá.

Embora não houvesse atingido as proporções excepcionais do comício de 1919, o de 1927 foi realmente uma vigorosa demonstração de massa. Nele, pela primeira vez em praça pública, um dirigente comunista falou como tal em nome do PCB.

Em homenagem à memória de Lênin, *A Nação* instituiu a Semana de Lênin, iniciando em 18 de janeiro a publicação de numerosos artigos e trechos escolhidos de sua obra, e programando um ato público para o dia 23, domingo. A polícia proibiu o ato. O jornal, além de denunciar a violência policial, que redundava em evidente desrespeito às franquias legais, resolveu bater as portas da justiça com um pedido de *habeas corpus*. O juiz da primeira instância denegou o pedido. O advogado da folha, dr. Vastro Rebello, recorreu às instâncias superiores, e depois de dois ou três meses de expectativa, o Supremo Tribunal Federal acabou por conceder a medida pleiteada pelos comunistas, tendo *A Nação* marcado o dia 13 de maio para o ato.

A sessão efetuou-se na sede da União dos Operários em Fábricas de Tecidos, grande salão num sobrado da rua Acre. Centenas de pessoas, quinhentas ou mais, encheram literalmente o local, para ouvir os oradores: Leônidas de Resende, que discorreu sobre "Lênin, marxista"; Azevedo Lima, sobre "Lênin, homem de ação"; Octávio Brandão, sobre "Lênin e o imperialismo"; Astrojildo Pereira, sobre "Lênin e os sindicatos operários". Tudo publicado a seguir no jornal, em dias sucessivos. Foi um êxito absoluto, que as estrofes da Internacional encerraram em grande estilo.

Outras campanhas foram sustentadas pelas colunas de *A Nação* em caráter por assim dizer permanente — contra o fascismo, contra o imperialismo, contra a condenação de Sacco e Vanzetti, em defesa da Revolução Russa, que se consolidava, mas sempre ameaçada pela reação imperialista, e da Revolução Chinesa, que seguia um curso extremamente difícil, etc. A mesma coisa em relação a problemas nacionais e locais — através de denúncias políticas e econômicas, de apoio às greves operárias, de incentivo às lutas populares, de desmascaramento da imprensa reacionária. Mas a campanha sobre a qual concentrou A Nação suas melhores baterias foi aquela que teve de sustentar pela própria sobrevivência.

Desde as primeiras semanas de sua circulação, começaram a surgir dificuldades cuja significação não passava despercebida aos responsáveis pela manutenção do jornal. A reação, que fora colhida de surpresa com o seu reaparecimento como órgão comunista, não tardaria a manifestar o propósito de liquidar semelhante escândalo — um diário comunista fazendo uma agitação dos diabos, sustentando e estimulando as lutas da classe operária, combatendo com unhas e dentes a política e o regime dominantes, denunciando violentamente os efeitos calamitosos da penetração imperialista, defendendo ousadamente o bolchevismo e a Revolução Russa. Pressões econômicas, ameaças veladas e abertas, provocações policiais, intrigas e calúnias veiculadas pela imprensa reacionária, nada foi esquecido. Por fim, sem mais cerimônia, uma nova lei de repressão foi preparada a dedo para justificar o esmagamento das lutas operárias e facilitar a liquidação daquele perigoso foco de agitação revolucionária em que se havia convertido A Nação.

A 24 de janeiro, precisamente ao completar três semanas de publicação, o próprio jornal denunciava as maquinações reacionárias do governo, estampando uma declaração sem arrogância mas em termos incisivos, na qual se dizia o seguinte: "A razão, a verdade e a justiça estão do nosso lado. Por conseguinte, prosseguiremos em nossa obra — com ou sem jornal, com ou sem legalidade, com ou sem o consentimento do Governo. Não há força no mundo que nos faça desviar deste caminho". Era evidente que se tratava aí de uma declaração do Partido e não apenas da redação do jornal.

Como seria de esperar, as maquinações da reação continuaram, apertando dia a dia o cerco estabelecido em torno do jornal. Foi uma luta sem desfalecimento, que só terminou no dia da aprovação pelo Parlamento da lei a que se deu o nome de "lei celerada". Em seu último número, datado de 11 de agosto, *A Nação* publicou um manifesto da direção do Partido e da redação do jornal, explicando por que se resolvera suspender a sua publicação. Eis a seguir os trechos principais desse documento:

> *A Nação* comunista apareceu no mesmo momento em que o Partido Comunista do Brasil surgia na vida política do País como partido legal[1] do proletariado, após 5 anos de ilegalidade ou semilegalidade. Órgão do PCB, a vida de *A Nação*, nestes 7 meses de sua fase comunista, confunde-se com a própria vida do Partido.
>
> Jornal feito para as massas, destinando-se a larga repercussão no seio do proletariado nacional, é claro que *A Nação* comunista só podia viver como viveu — como órgão legal do Partido Comunista. Desde, porém, que a mal disfarçada ditadura burguesa[2], armando-se de uma lei de excepção, coloca o Partido Comunista fora da legalidade, este jornal perde sua razão de ser como órgão legal do comunismo. Seria quixotada completamente inócua esperar que a polícia venha fechar-nos as portas violentamente. Preferimos nós mesmos fechá-las — na cara da polícia. Declaramos, portanto, suspensa a publicação de *A Nação*, a partir deste número.
>
> Mas devemos ao proprietário, ao público em geral, uma explicação desta nossa resolução. Fá-lo-emos, como é de nossos hábitos, em termos claros, francos, diretos, firmes.
>
> Somos políticos realistas. Temos um programa, finalidades, métodos de ação definidos. Toda nossa atividade obedece a um sistema determinado. Visamos objetivos certos e para eles caminhamos a passos seguros. Combatemos para vencer, e empregamos no combate, em cada momento dado, as armas mais adequadas.

---

[1] O Estado de sítio havia terminado, sem mais prorrogação, a 31 de dezembro de 1926.

[2] A expressão "ditadura burguesa", tão impropriamente empregada no caso, dá bem uma ideia da incompreensão, por parte da direção do Partido, do conteúdo de classe do governo brasileiro.

A Nação, jornal para as massas, era uma dessas armas. Arma, legal para o combate legal.

O que ela fez e realizou, como órgão do PCB, nestes 7 meses de existência comunista, está na consciência de todos. Apesar de todos os erros e falhas que se lhe possam apontar, *A Nação* soube resistir galhardamente a todos os obstáculos, superando-os e vencendo-os. Os adversários e os céticos lhe auguravam morte de 7 dias. Ela durou 7 meses. E duraria 7 anos. E talvez venha a durar, numa terceira fase, 7 vezes 7 anos...

Sustentada, sem desfalecimento, pelo sacrifício heroico da vanguarda mais consciente e mais combativa do proletariado, *A Nação* realizou uma obra inapagável na história das lutas proletárias no Brasil. Citemos as etapas capitais dessa obra — não por estulta vaidade, mas pela satisfação do dever cumprido e sobretudo porque este curto, intenso e fecundo passado nos inspira novas energias para o trabalho futuro, redobrada confiança e mais ardente fé nos destinos do proletariado.

Depois de fazer o balanço das tarefas realizadas pelo jornal, o documento mostrava que as lutas crescentes da classe operária haviam perturbado o sono das classes dominantes, cujo governo pretendia resolver em família os sérios problemas econômicos e financeiros que se acumulavam no país, agravados de mais em mais por exigências imperialistas. Exigências que incluíam também a necessidade de repressão às greves operárias e à atividade dos comunistas.

Eis como terminava o manifesto:

A situação é clara.

O Governo acha-se a braços com uma gravíssima crise econômica e financeira. A política do câmbio baixo, imposta pelos grandes fazendeiros de café, significa a apertura para a indústria e o comércio, e significa sobretudo a miséria para a massa proletária. O Governo, sustentado pelos banqueiros da City[3], supõe poder enfrentar semelhante situação com seu plano de estabilização — estabilização da opulência para os fazendeiros, estabilização da fome para os trabalhadores — e com o amordaçamento das vozes da oposição.

---

[3] Alusão à dependência do governo em relação ao imperialismo inglês.

Ninguém se iluda: a perspectiva é de penúria e de opressão para todos quantos vivam do trabalho penoso e honrado. Ouro e seda para os tubarões! Fome e chanfalho para os proletários! Em torno destes dois polos cada vez mais vai girar a vida brasileira.

Contra tão negra perspectiva só há um remédio: é a união indissolúvel de todos os trabalhadores em seus sindicatos e federações; é a coesão da massa proletária em torno da vanguarda comunista; é a frente única de ferro de todos os oprimidos, sustentando a mais gigantesca luta da história deste País para a libertação final do jugo opressor do capitalismo imperialista.

O manifesto e a suspensão do jornal produziram na ocasião um certo sentimento de decepção mesmo entre membros do Partido. Houve quem julgasse precipitada a resolução então tomada, um recuo desnecessário em dias de aguçamento das lutas políticas.

Não caberia aqui pormenorizar o exame do assunto, pois apenas pretendemos fornecer elementos e indicações para a história. Entretanto, desde já podemos constatar que a própria feição sectária e agitativa do jornal, um jornal destinado às massas, acabou por minar as bases em que devia assentar sua força. E nisto *A Nação* era o reflexo fiel da própria linha política, dos planos táticos e dos métodos de trabalho da direção do Partido. Em tais condições, não é demais supor que seria realmente temerário aceitar a peito descoberto uma luta de mais larga envergadura.

De qualquer forma, podemos hoje afirmar, sem a menor hesitação, que *A Nação* de 1927 prestou grandes serviços ao Partido, e que estes serviços pesam na balança como um saldo muito positivo a seu favor.

BLOCO OPERÁRIO E CAMPONÊS

I

Depois de sucessivos Estados de sítio que se haviam prolongado, de prorrogação em prorrogação, até dezembro de 1926, o ano de 1927 inaugurava uma nova situação de normalidade constitucional na vida política do país, e semelhante situação se desenhava com aparência realmente nova para o PCB, que nascera e vivera até então em condições de quase permanente clandestinidade. A direção do Partido, tendo em vista as novas condições, vinha-se preparando desde algum tempo antes para enfrentar as tarefas que a vida legal exigiria dos comunistas, visando sobretudo recuperar-se dos muitos entraves que a clandestinidade lhes impusera durante anos a fio.

O reaparecimento do vespertino *A Nação*, colocado por Leônidas de Resende em mãos da direção do Partido, veio favorecer enormemente a atividade legal dos comunistas, embora acarretando também não poucos resultados desfavoráveis. Mas era preciso agir com certa audácia para ocupar um lugar ao sol, como competia ao partido da classe operária. Tanto mais que havia um problema político a ser enfrentado com urgência — a próxima eleição para o Parlamento Nacional, a realizar-se em 24 de fevereiro. Não havia tempo a perder, e aí, justamente, é que o jornal diário teria de desempenhar um papel decisivo. Mas o problema era complicado e obviamente muito difícil para um pequeno partido sem nenhuma experiência de campanhas eleitorais.

Para se compreender o que eram então as eleições, basta lembrar o seguinte: 1) não existia nenhuma lei regulando a organização dos partidos políticos, que funcionavam como simples sociedades civis; 2) a apresentação de candidatos a postos eletivos era feita livremente, sem necessidade de legenda nem registro partidário; 3) o voto não era obrigatório nem secreto, e o eleitorado era numericamente muito reduzido; 4) os candidatos ou chefes políticos arregimentavam pessoalmente o seu próprio eleitorado, por intermédio dos chamados cabos eleitorais a seu serviço. Junte-se a tudo isso o fato de se encontrar o eleitorado operário disperso em pequenos grupos e centros dirigidos por cabos eleitorais, grupos e centros não só desligados uns dos outros como ainda hostis entre si. Por outro lado, boa parte da classe operária, justamente a sua vanguarda mais combativa, mais consciente, não se desprendera ainda totalmente de velhas tradições anarquistas, infensas a qualquer forma de participação em eleições e lutas parlamentares.

Considerando a situação tal qual se apresentava e tal qual lhe era dado avaliar, entendeu a direção do Partido que os comunistas como Partido, como força própria, não possuíam capacidade real para participar da eleição com alguma vantagem, mínima que fosse, e que a saída mais acertada seria apelar para a unidade da classe operária e formar uma frente única eleitoral, baseada numa plataforma unitária, e assim disputar a eleição como força independente de classe. Postas as coisas nestes termos, surgiu a iniciativa prática do Bloco Operário.

A Nação comunista aparecera a 3 de janeiro; dois dias depois, a 5 de janeiro, estampava na primeira página o documento mediante o qual a direção do PCB lançava as bases para a formação do Bloco Operário.

Reproduzimos a seguir o importante documento, que tomou a forma de "Carta aberta" dirigida pela Comissão Central Executiva do PCB a entidades e personalidades políticas, que se proclamavam representantes e defensoras dos interesses do proletariado.

II

CARTA ABERTA A MAURÍCIO DE LACERDA, A AZEVEDO LIMA, AO PARTIDO SOCIALISTA, AO CENTRO POLÍTICO DOS OPERÁRIOS DO DISTRITO FEDERAL, AO CENTRO POLÍTICO DOS CHOFERES, AO PARTIDO UNIONISTA DOS EMPREGADOS NO COMÉRCIO, AO CENTRO POLÍTICO PROLETÁRIO DA GÁVEA, AO CENTRO POLÍTICO PROLETÁRIO DE NITERÓI

Candidaturas de classe — As próximas eleições federais, para renovação do Parlamento Nacional, estão interessando sobremaneira ao proletariado e às classes laboriosas em geral de todo o Brasil.

Pode dizer-se que pela primeira vez, entre nós, vê o proletariado brasileiro a possibilidade de sua intervenção direta e independente no pleito a travar-se. Com efeito, até aqui — salvo alguma que outra exceção de caráter local ou pessoal — jamais o eleitorado operário do Brasil participou de uma campanha eleitoral nacional como força própria, como classe independente, apresentando um programa de reivindicações ditadas por seus interesses e aspirações de classe. Os operários eleitores votavam indistintamente nos diversos candidatos da burguesia, a isto quase sempre obrigados pela pressão patronal e devido à sua própria desorganização partidária.

Mas esses tempos são passados. O proletariado já vai adquirindo uma consciência de classe — o que quer dizer que já vai compreendendo serem seus interesses antagônicos aos interesses da burguesia. Ora, este despertar da consciência proletária reflete-se e projeta-se igualmente sobre o terreno eleitoral. O mesmo instinto de classe diz aos operários eleitores que eles, nas eleições para os cargos públicos, devem votar nos próprios candidatos, isto é, nos candidatos que representam realmente seus interesses de classe independente.

É o que agora se verifica. O eleitorado proletário quer enviar gente sua, lídimos e autênticos representantes seus, ao Parlamento Nacional. Ele não quer mais votar no candidato-patrão — ou aliado e criatura do patrão — o qual será, necessariamente, nas Câmaras, como tem acontecido até hoje, o defensor dos interesses patronais contra os interesses proletários.

Demais, o proletariado brasileiro vê o que se passa nos demais países do mundo e aprende no exemplo prático que nos vem — nisto, como em tudo o mais — do estrangeiro. O proletariado dos países europeus e americanos possui seus próprios partidos de classe e, nas eleições, só vota nos candidatos de seus partidos. Aqui mesmo bem perto de nós, no Uruguai, na Argentina, no Chile, os partidos operários participam dos pleitos eleitorais como força independente e como tais elegem seus próprios candidatos.

A intervenção do PCB — Assim sendo, o Partido Comunista do Brasil, constituído pela vanguarda consciente do proletariado deste País, não podia deixar de participar nas próximas eleições de fevereiro. Os interesses e as aspirações do Partido Comunista não são diversos dos interesses e das aspirações do proletariado em geral. Pelo contrário, o Partido Comunista é o único partido operário que verdadeiramente representa os reais interesses e as aspirações totais da classe operária. É, pois, em nome da massa proletária, que o PCB se dirige, nesta Carta Aberta, às pessoas, aos partidos e aos centros acima mencionados, os quais, de uma forma ou de outra, apresentam-se aos sufrágios operários como candidatos das classes laboriosas e espezinhadas, cujos interesses dizem representar.

É o caso de Maurício de Lacerda. Gozando da mais larga popularidade, com um passado de brilhantes lutas parlamentares em prol das liberdades públicas, ele surge no cenário da campanha eleitoral como candidato dos oprimidos e explorados. O Partido Socialista o apoia como candidato dos operários. Nós não concordamos de modo algum com a sua política individualista, não partidária, geradora de confusões e mal-entendidos, que só podem servir aos inimigos da política proletária, prejudicando, por conseguinte, ao próprio Maurício de Lacerda. Certo, sua popularidade é grande, e a massa, apesar de tudo, apesar daquelas reservas formuladas pela vanguarda, tem-no como um dos seus e irá votar nele, convicta de que votará num candidato proletário, defensor dos interesses proletários. Pois bem: o PCB, mesmo desconfiando, quer confiar em Maurício de Lacerda e, em nome da classe operária, propõe-lhe a formação de uma frente única proletária na campanha eleitoral iniciada, tomando para base uma plataforma única de combate, contendo as reivindicações mais elementares comuns às massas laboriosas em geral.

Igual proposta fazemos a Azevedo Lima. Este possui um eleitorado próprio, fortemente arregimentado e não depende de ninguém do ponto de vista estritamente eleitoral. Mas sua atuação combativa durante a extinta legislatura, com o criar-lhe uma justa auréola de indômita bravura no bom combate em prol das causas populares, criou também, tacitamente, uma espécie de compromisso moral entre ele e o proletariado. Demais, como reforço a este compromisso, Azevedo Lima, embora ainda revelando certas contradições ideológicas, tem feito afirmações peremptórias de simpatia ao comunismo e tem tomado atitudes de desassombrado apoio às lutas de classe do proletariado, como foi principalmente no caso da campanha de *A Classe Operária* contra Luís de Oliveira. De tal sorte, a aliança de Azevedo Lima ao Bloco Operário, cuja formação propomos, parece decorrer logicamente de todo seu recente passado e assim o esperamos firmemente. Sua eleição é geralmente tida como assegurada pelo numeroso e dedicado eleitorado que ele pessoalmente arregimentou. Neste sentido, é evidente que sua aliança conosco pouco resultado prático, numérico, lhe trará. Há, porém, o aspecto essencialmente político da batalha e neste sentido sua adesão ao Bloco Operário, que propomos, é não só uma adesão lógica, mas necessária e de recíprocas vantagens, isto é, de vantagens para a política proletária, feita de verdade, nitidez e firmeza.

Aos demais partidos e centros — O Partido Socialista, partido reformista, mas que pretende representar as massas laboriosas, além de apoiar a candidatura de Maurício de Lacerda, apresenta vários candidatos seus, não só aqui no Distrito Federal, como também no Estado do Rio, na Bahia, em Pernambuco, em Santa Catarina. Adversários intransigentes da nefasta política reformista, confusionista, colaboracionista do PSB, entendemos, todavia, que é esta uma excelente oportunidade para, aos olhos das massas, pôr-se à prova a sinceridade dos socialistas, que se apresentam aos sufrágios proletários. O PCB quer unir, reunir numa frente única todas as forças proletárias que se aprestam para o próximo combate eleitoral. É o próprio interesse proletário — que o PCB põe acima de tudo, visto como o interesse proletário é o próprio interesse do comunismo — que comanda, em momentos tais, a coesão e a unificação das forças diante do inimigo comum. E como nós não fazemos questão de nomes pessoais — guardadas, é claro, certas exigências mínimas — porém, sim, de programa, de compromisso coletivo, convidamos o PSB a integrar-se na formação do Bloco Operário, sob cuja bandeira comum, batalhando sobre a mesma comum plataforma proletária, se apresentarão seus candidatos, no Distrito Federal e nos Estados. Falando claro e franco, nós não acreditamos na sinceridade dos chefes do PSB nem dos seus candidatos, e muito menos em sua influência ou força eleitoral, mas estamos prontos a apoiá-los, desde que assumam publicamente, perante o proletariado, o compromisso de defender e submeter-se à plataforma proletária do Bloco Operário.

Não sabemos ainda que atitude vão tomar, com relação às próximas eleições, o Centro Político Operário, o Centro Político dos Choferes, o Partido Unionista dos Empregados no Comércio, o Centro Político Proletário da Gávea e o Centro Político Proletário de Niterói. Quanto a estes dois últimos, não temos dúvida de que formarão ao nosso lado, dadas as afinidades entre o seu programa e o nosso. Quanto aos outros, não sabemos se pretendem apresentar candidatos próprios ou apoiar eventualmente tais ou quais candidatos. Seja como for, tornamos extensivo a essas organizações políticas operárias este convite para sua adesão ao Bloco Operário, na base dos princípios e reivindicações mais adiante expostas.

Frente única proletária — É coisa muito fácil de compreender que a participação no pleito eleitoral de todos esses candidatos e partidos, concorrendo uns contra os outros, dispersivamente, só pode dar como resultado o enfraquecimento das forças operárias, que todos eles pretendem representar. Enfraquecimento e dispersão não somente no terreno estritamente eleitoral, aritmético, do pleito, mas sobretudo enfraquecimento e dispersão no terreno político.

As massas operárias e as classes laboriosas em geral estão entre si ligadas por uma afinidade básica de interesses que lhes são comuns. Toda a gente pobre — operários, empregados no comércio, pequenos funcionários artesãos, trabalhadores agrícolas, pequenos lavradores, todos aqueles que vivem de seu trabalho pessoal cotidiano —, toda essa grande massa sofredora e oprimida passa a mesma "vida apertada", porque seus ganhos mal chegam, quando chegam, para fazer frente às dificuldades crescentes da existência. A carestia dos gêneros, a crise de habitações, a falta de trabalho, a inflação, a baixa cambial, a política escorchadora dos impostos federais, estaduais e municipais, toda a sorte de gravames pesando principalmente sobre os pobres, tudo isso cria uma base comum de interesses, que o bom senso indica deverem ser defendidos pelo esforço comum dos interessados.

É esta uma verdade claríssima, que ninguém poderá contestar: na defesa dos interesses, que são comuns, todos os interessados deverão unificar e concentrar seus esforços num bloco único que vá ao combate de fileiras cerradas, obedecendo a um plano comum único.

É isto precisamente que nós vimos propor. O Partido Comunista, cônscio de que os interesses supremos do proletariado devem ser postos acima das tendências desta ou daquela facção política, propõe a formação de uma frente única, de um bloco operário de todos os candidatos, partidos e grupos que vão disputar as próximas eleições alegando ou pleiteando representação das classes laboriosas. O Partido Comunista não pretende concorrer com candidatos próprios e de tal sorte dividir as forças operárias. O Partido Comunista, que pleiteia vitória da política proletária independente, propõe, portanto, a concentração de todas as forças operárias. O Partido Comunista está disposto a apoiar a campanha eleitoral dos candidatos e demais grupos e partidos que aceitem travar a batalha em comum, na base de uma plataforma comum, segundo um plano comum.

Demais disso, o Partido Comunista, interpretando o verdadeiro e instintivo pensamento de classe das massas trabalhadoras, pretende por este meio iniciar uma vasta campanha de saneamento do meio político nacional, combatendo sem tréguas a política personalista, individualista e irresponsável dos cabos eleitorais sem princípio, sem programa, sem finalidade. É preciso sanear a política e para isto é preciso intervir nela e não afastar-se dela, deixando-a entregue aos manejos imorais de ambiciosos e negocistas sem escrúpulos. E o primeiro passo a dar no sentido do saneamento da política está em exigir a responsabilidade dos políticos perante as massas. *Queremos uma política de princípios, de programas, de responsabilidades.*

O Partido Comunista, partido do proletariado, tem responsabilidades, defende princípios e bate-se por um programa. Daí, sua atitude presente, saltando na arena do combate eleitoral e convocando para a defesa em comum dos interesses do proletariado todos aqueles que se apresentem como partidários do proletariado.

A PLATAFORMA DO BLOCO OPERÁRIO

Como base para a constituição do Bloco Operário, apresentamos a seguir os itens da plataforma eleitoral a ser apresentada às massas laboriosas. Esta plataforma, como se verá, é um verdadeiro programa de reivindicações imediatas, consubstanciando em seus pontos as mais urgentes necessidades e as aspirações mínimas das classes oprimidas deste País.

Política independente de classe — A tarefa primordial dos candidatos do Bloco Operário consistirá em chamar a massa operária ao exercício efetivo de seus direitos políticos de classe. Realizando uma política independente de classe, os candidatos do Bloco Operário manter-se-ão em contato permanente com a massa operária, por meio de seus órgãos representativos — sindicais e partidários — e por meio dos comícios públicos. Representando a massa operária, cujos interesses reais defenderão a todo transe no Congresso, os candidatos do Bloco Operário tomam o prévio compromisso de subordinar sua atividade parlamentar ao controle da massa operária, cujo pensamento ouvirão, em cada ocasião, através de seus órgãos de classe autorizados. Eleitos e sustentados pela massa operária, os candidatos do Bloco Operário são responsáveis, perante a massa operária, por toda a atividade política e legislativa que desenvolverem dentro e fora do Parlamento.

Crítica e combate à política plutocrática — Órgãos da política de classe da massa operária dentro do Parlamento, os candidatos do Bloco Operário exercerão a mais severa vigilância sobre a política e os políticos, que direta ou indiretamente representam os interesses da plutocracia, não poupando a crítica aos seus crimes, desmandos, abusos, hipocrisias, explorações. Os candidatos do Bloco Operário bater-se-ão incessantemente por uma política de responsabilidades perante as massas populares, contra política personalista dos conchavos e arranjos tramados à revelia do povo contribuinte.

Contra o imperialismo — Na política exterior do País, os candidatos do Bloco Operário orientarão sua atividade no sentido da luta mais encarniçada contra o imperialismo das grandes potências financeiras. Dentro desta orientação, os seguintes pontos serão particularmente visados: a) oposição a todo novo empréstimo externo; b) revisão dos contratos das empresas capitalistas estrangeiras concessionárias de serviços no Brasil; c) nacionalização das estradas de ferro, das minas e das usinas de energia elétrica; d) extinção das missões militar e naval estrangeiras; e) aliança com os países irmãos da América Latina, com os países coloniais e oprimidos (as Índias, a China, etc.) que lutam contra os opressores imperialistas.

Reconhecimento "de jure" da URSS — A União das Repúblicas Socialistas dos Soviets, imensa federação de povos com cerca de 20 milhões de quilômetros quadrados e 140 milhões de habitantes, é hoje uma grande potência econômica e política mundial, que os Estados mais reacionários (como a Itália, a Inglaterra, o Japão, etc.) não podem desconhecer e cujas relações comerciais não podem dispensar. A URSS é a aliada natural e a esperança suprema das classes laboriosas e oprimidas do mundo inteiro, que nela têm o exemplo prático da constituição e funcionamento da verdadeira democracia proletária, do governo do trabalho. Ela é ainda o baluarte irredutível, o ponto de apoio principal dos povos que lutam contra o imperialismo. Por tudo isso, os candidatos do Bloco Operário preconizarão o reconhecimento "de jure", pelo Brasil, do governo da URSS e o pleno restabelecimento das relações diplomáticas, comerciais e culturais entre os dois países.

Anistia aos presos políticos — Somos partidários da mais ampla anistia aos presos políticos de toda natureza, processados ou não, civis e militares. Pior, porém, que as prisões sofridas pelas vítimas do sítio foram as deportações de operários para a Clevelândia, no Oiapoque. Todos esses trabalhadores e suas famílias ficaram com a vida completamente arruinada. Muitos deles morreram, devorados pelas febres e pelas misérias daquelas regiões. Os candidatos do Bloco Operário, representantes dos trabalhadores oprimidos, pensam em primeiro lugar nas vítimas operárias da repressão policial. E, assim, bater-se-ão para que os operários sobreviventes, ou as famílias dos que morreram no desterro do Oiapoque, sejam devidamente indenizados pelo Estado, calculando-se a indenização de cada caso segundo os salários que respectivamente ganhavam, acumulados durante o tempo decorrido desde o dia da prisão ao da libertação ou morte de cada qual. Esta medida justíssima de indenização deve ser aplicada em todos os casos semelhantes aos dos vitimados no Oiapoque.

Autonomia do Distrito Federal — Entendemos que a administração do Distrito Federal — o maior centro de trabalho do País — deve estar liberta da tutela e da opressiva influência da política federal. Para isto preconizamos principalmente: a) a eleição do Prefeito, que deve ser responsável de sua gestão perante o Conselho Municipal; b) aumento das cadeiras do Conselho Municipal, sendo as eleições feitas segundo o sistema da representação proporcional (como em Buenos Aires); c) nenhuma subordinação da administração local ao Senado Federal ou qualquer outro organismo do Governo

Federal; d) municipalização completa da polícia e do corpo de bombeiros, sendo os respectivos comandantes de nomeação do Prefeito.

Legislação social — Os candidatos do Bloco Operário bater-se-ão pelo andamento imediato do Código do Trabalho, encalhado no Senado, propondo seja o mesmo submetido à revisão por uma assembleia especial de representantes autorizados dos sindicatos operários. No que concerne à rigorosa aplicação das leis e regulamentos integrantes do Código do Trabalho (bem como a lei de férias, a lei de acidentes, a lei de pensões), preconizamos como medida preliminar indispensável que sua fiscalização e controle sejam confiados aos comitês operários eleitos nas próprias fábricas, oficinas e sindicatos. Os itens a seguir constituirão os pontos principais da atividade parlamentar dos candidatos do Bloco Operário em matéria de legislação social, condições de trabalho, problemas de higiene e assistência social, na oficina, no comércio, nos transportes, no subsolo, na lavoura: a) máximo de 8 horas de trabalho diário e 44 horas semanais, e redução a 6 horas diárias nos trabalhos malsãos; b) proteção efetiva às mulheres operárias, aos menores operários, com a proibição do trabalho a menores de 14 anos; c) salário mínimo; d) contratos coletivos de trabalho; e) o seguro social a cargo do Estado e do patronato, contra o desemprego, a invalidez, a enfermidade, a velhice; f) enérgica repressão ao jogo e ao alcoolismo; g) licença, às operárias grávidas, de 60 dias antes e 60 dias depois do parto, com pagamento integral dos respectivos salários; h) extinção dos serões e extraordinários; i) descanso hebdomadário em todos os ramos de trabalho, na indústria, no comércio, nos transportes, na lavoura; j) proibição da dormida nos locais de trabalho; l) água filtrada nas fábricas e oficinas; m) saneamento rural sistemático, visando à regeneração física e moral do trabalhador agrícola, à higienização das condições de trabalho e habitação na lavoura, assistência médica gratuita aos doentes pobres; n) fomento e facilidades às cooperativas operárias de consumo e às cooperativas de produção na pequena lavoura.

Contra as leis de exceção — Pugnando pela mais completa liberdade de opinião, associação e reunião para as classes laboriosas, os candidatos do Bloco Operário oferecerão encarniçado combate a todas as leis de exceção (lei Adolfo Gordo, lei de expulsão de operários estrangeiros, lei de imprensa), inspiradas no espírito reacionário e antiproletário do capitalismo dominante.

O direito de greve é, teoricamente, reconhecido pelo Código Civil. Para que este direito se torne uma realidade prática é absolutamente necessário proibir a indébita e arbitrária intervenção policial nas greves. Por este direito bater-se-ão os candidatos do Bloco Operário. Os direitos de livre associação e livre opinião política devem ser extensivos aos pequenos funcionários e operários federais, estaduais e municipais (correios, telégrafos, arsenais, limpeza pública, obras públicas, professorado primário, etc.).

Imposto — Em matéria de impostos e taxações fiscais de qualquer natureza — federais, estaduais ou municipais — os candidatos do Bloco Operário orientarão sua atividade parlamentar guiados pelo seguinte princípio: só os ricos devem pagar impostos. Atualmente, a quase totalidade dos impostos é de fato paga pelos pobres. Estes pagam 300 mil contos sobre o consumo; ao passo que os ricos pagam, sobre a renda, a insignificância de 24 mil contos. O operário contribui com 25% dos seus magros ganhos para o Tesouro, ao passo que o nababo, que nada em dinheiro, contribui, proporcionalmente, com apenas 0,5%... Os candidatos do Bloco Operário propugnarão por que a totalidade dos impostos de toda natureza seja paga somente pelos ricos, eximindo-se os pobres de tão pesados encargos.

A reforma monetária e a carestia da vida — As consequências da reforma monetária — quebra do padrão, conversão, estabilização, substituição do mil-réis pelo cruzeiro — vão atingir e afligir principalmente as camadas pobres da população: operários, artesãos, empregados no comércio, pequenos funcionários, pequenos lavradores, intelectuais pobres, soldados, marinheiros, trabalhadores em geral, enfim, todos aqueles que vivem de um salário ou de um trabalho pessoal. A estabilização já decretada vai operar-se na base de um câmbio baixo — e isto significa a *estabilização da carestia*, senão o aumento da carestia. Demais, o decreto da reforma monetária autoriza o Governo a procurar os recursos de que carecer para a conversão e estabilização principalmente nas duas fontes seguintes: a) nos saldos orçamentários — o que será obtido pela majoração dos impostos, de onde resultará maior alta nos preços das utilidades; b) nos empréstimos no exterior — o que acarretará a necessidade de aumento das rendas (isto é, novos impostos) para fazer face aos compromissos agravados, e aí teremos novas causas de carestia. Haverá ainda, com o estabelecimento do "cruzeiro", um reajustamento geral nos preços e nos salários, e isto fatalmente será pretexto de novas diminuições na capacidade aquisitiva dos ganhos proletários. Estas considerações fundamentais bastam para mostrar o grau de gravidade a que atingirá a situação das camadas pobres da população com o efetivar-se do decreto de reforma monetária. Mas, encarando de frente a situação, cônscios das responsabilidades que assumem nesta plataforma, os candidatos do Bloco Operário reivindicarão para as massas laboriosas a aplicação das seguintes medidas de defesa de seus interesses ameaçados pela reforma monetária: a) o reajustamento dos salários operários, dos vencimentos dos pequenos funcionários, bem como das etapas dos oficiais inferiores e praças de pré, segundo uma tabela, cientificamente estabelecida, da relação entre o preço das utilidades e as necessidades mínimas da população trabalhadora; b) oposição a todo novo empréstimo no exterior, o que só poderá agravar o estado de dependência nacional ao imperialismo financeiro anglo-americano; c) severa repressão à jogatina cambial; d) oposição a toda majoração de impostos que venham a recair sobre as camadas pobres da população; e) imposição das classes ricas, majoração dos impostos sobre o luxo, sobre as rendas e sobre o capital dos grandes senhores agrários, industriais e comerciais.

Habitação operária — A questão da habitação operária é daquelas que mais preocuparão a atividade parlamentar dos candidatos do Bloco Operário. Eles denunciarão implacavelmente as meias soluções burguesas, as medidas de emergência, os paliativos demagógicos, e bater-se-ão em prol de soluções proletárias amplas e decisivas, como sejam: a) construção, expropriação e municipalização geral das casas para operários; b) aluguéis proporcionais aos salários, sendo as respectivas tabelas estabelecidas e fiscalizadas por comissões de inquilinos pobres; c) supressão dos depósitos e pagamento por mês vencido; d) derrubada dos barracões, "casas de cômodos" e "cabeças de porco", e construção em seu lugar de habitações que possuam todos os requisitos da higiene e da comodidade; e) severa repressão da especulação dos intermediários e sublocadores.

Ensino e educação — Nas questões referentes ao ensino público os candidatos do Bloco Operário bater-se-ão não só pela extensão e obrigatoriedade do ensino primário, como ainda, complementarmente: a) pela ajuda econômica às crianças pobres em idade escolar, fornecendo-lhes, além do material escolar, roupa, comida e meios gratuitos de transporte; b) pela multiplicação das escolas profissionais de ambos os sexos como uma continuação necessária e natural das escolas primárias de letras; c) pela melhoria nas condições de vida do professorado primário, cuja dedicação à causa do ensino público deve ser melhor compreendida e compensada; b) pela subvenção às bibliotecas populares e operárias.

Voto secreto — Somos partidários do voto secreto e obrigatório, e extensivo às mulheres e às praças de pré, bem como aos operários estrangeiros com residência definitiva no País. Entendemos, porém, que o voto secreto e obrigatório não é a panaceia universal capaz de curar todos os males da democracia, nem tampouco um fim em si mesmo e sim um meio de facilitar a participação das massas na política e na administração do País. Neste sentido, entendemos que a instituição do voto secreto e obrigatório deve ser acompanhada (ou mesmo precedida) de: a) facilidade e simplificação no processo de alistamento eleitoral, criando-se a possibilidade real de intervenção das largas massas nos pleitos eleitorais; b) adoção do sistema de representação proporcional por quociente eleitoral, meio único de acabar com a existência dos "cabos" eleitorais e de forçar a criação dos partidos e a apresentação dos candidatos em listas coletivas de cada partido.

Eis aí condensadas as reivindicações imediatas, que verdadeiramente consultam aos interesses e aspirações das massas laboriosas em geral.

Por estas reivindicações bater-se-ão denodadamente os candidatos do Bloco Operário.

Todo o operário, toda a gente pobre compreenderá que fora desta plataforma não pode haver política proletária sincera. Fora do Bloco Operário, que sustentará esta plataforma, não pode haver candidatos operários.

O Partido Comunista do Brasil, que toma a iniciativa da formação do Bloco Operário, estabelece o prazo de uma semana, a contar desta data, para resposta, daqueles a quem se dirige nesta Carta Aberta.

Rio de Janeiro, 5 de janeiro de 1927.
A Comissão Central Executiva do PCB.

III

A linha da *Carta aberta* era sectária em sua inspiração e mais sectária ainda em sua significação política, e seu texto apresenta muitas formulações que hoje nos parecem inadmissíveis. Mas não é isso propriamente o que nos interessa aqui, nem poderíamos caracterizar acertadamente o conteúdo político de semelhante documento sem que o inseríssemos no contexto da época em que foi ele elaborado. E é neste sentido precisamente que a *Carta aberta* deve ser encarada como importante documento para a história do Partido. Nem podemos tampouco negar os aspectos positivos, que ela possui e são válidos ainda hoje, a começar pela afirmação reiterada da existência do Partido Comunista como partido de classe operária, sua vanguarda mais combativa, organizada politicamente. O que porém nos parece mais importante na *Carta aberta* é a sua parte programática, a sua plataforma, as reivindicações imediatas sistematizadas em sucessivos itens.

As reivindicações relativas à legislação social são particularmente muito significativas, e é fácil de se verificar que em sua maior parte elas seriam incorporadas à legislação social promovida por Getúlio Vargas. Ao PCB cabe o mérito de as ter formulado de maneira sistemática, nos seus primeiros dias de vida legal, baseando-se aliás no que vinha fazendo anteriormente, nas difíceis condições da ilegalidade.

Sem embargo de sua linha sectária, o fato é que a *Carta aberta* forneceu aos comunistas a base de que necessitavam para travar a batalha imediata que deviam enfrentar — a campanha eleitoral. Das personalidades e entidades a que se dirigira a direção do Partido, propondo a formação do Bloco Operário, responderam favoravelmente o candidato Azevedo Lima, o Centro Político Proletário da Gávea e o Centro Político Proletário de Niterói. O candidato Maurício de Lacerda, o Partido Socialista e demais partidos e centros ditos operários responderam negativamente ou nem sequer responderam.

Com ardente entusiasmo, todo o Partido se jogou na campanha eleitoral, fazendo do jornal o centro da propaganda e da agitação junto às massas trabalhadoras. Foram sete semanas de intensa atividade, verdadeiro batismo de fogo do Partido na vida legal, sua primeira experiência numa eleição parlamentar. *A Nação* empenhou-se a fundo na campanha, sustentando com indormida tenacidade os dois candidatos do Bloco Operário, ao mesmo tempo assestando as suas baterias contra os candidatos das classes dominantes e desmascarando sem contemplações os demagogos que se enfeitavam com falsas cores "esquerdistas".

Não é aqui o lugar para uma análise detalhada das eleições de fevereiro de 1927, mas não há dúvida que elas deixaram um saldo político favorável ao Partido, sobretudo se levarmos em conta que elas abriram o caminho para a grande vitória de outubro de 1928, quando elegemos dois intendentes comunistas para o Conselho Municipal do antigo Distrito Federal.

IV

Votada a "lei celerada" de agosto de 1927, instrumento "legal" de repressão ao comunismo, ficou o Partido em situação de precária semilegalidade, o que levou a direção a buscar novas formas de adaptação às condições criadas pela referida lei. A recente experiência do Bloco Operário estava a indicar uma saída lógica, que as próprias circunstâncias impunham: a sua ampliação no plano nacional e a sua utilização como cobertura legal para a ligação do Partido com as massas. Converteu-se então o Bloco Operário em Bloco Operário e Camponês, organizando-se em "centros" locais permanentes, com estatutos e direções próprias, sob a direção de frações do Partido.

O BOC estendeu-se com relativa facilidade ali onde havia Partido, participando de eleições estaduais e municipais e ainda, em alguns casos, realizando outras tarefas de massa. O elemento "camponês" representava apenas uma palavra incluída no BOC, era um desejo, um propósito, mas mesmo assim servia como indicação de largos e justos objetivos. Nada se fez de prático nesse sentido porque na realidade o Partido não sabia como fazê-lo, como aproximar-se do campo, como promover a tarefa, que os livros diziam ser fundamental, de aliança entre operários e camponeses. Debilidade crucial que até hoje, como se sabe, não foi superada satisfatoriamente em nosso país.

Muitos perigos, que rondavam o BOC desde o início, acentuaram-se com o correr do tempo, e entre eles o "eleitoralismo", campo aberto à proliferação de oportunistas e carreiristas da pior espécie. Na discussão interna que se travou no Partido, em 1928, uma das questões mais acesamente debatidas foi a do BOC e erros consequentes cometidos na política eleitoral do Partido. Outro perigo, mais grave ainda, consistia numa certa tendência a não só esconder o Partido por trás do BOC mas também fazer o Partido dissolver-se em suas fileiras. O exame e o debate de tais perigos é que levaram o III Congresso do Partido, reunido nos últimos dias de 1928, a tomar importante resolução sobre o EOC, visando precisamente a corrigir os erros e desvios constatados.

A resolução do III Congresso pode-se dizer que ficou letra morta. Os erros, desvios e perigos permaneceram e alguns deles se agravaram mesmo, ao influxo do agravamento geral da situação política do país, e se agravaram principalmente em consequência do mal de raiz, que estava na origem do BOC e era o mesmíssimo mal de que padecia o próprio Partido — o velho e tenaz sectarismo. Não soubemos aproveitar as lições de 1927 e 1928, não soubemos extrair os ensinamentos que a experiência colocava em nossas mãos, não soubemos compreender que a ligação com as massas não se faz apenas com palavras, desejos e fórmulas gerais. Resultado: o BOC, depois da brilhante vitória eleitoral de 1928, passou a sofrer sucessivas derrotas federais, estaduais e municipais. A última delas, e a mais pesada, foi a de março de 1930, em que o BOC apresentou candidatos comunistas aos cargos de presidente e vice-presidente da República, a senadores e deputados federais e a senadores e deputados estaduais.

A Classe Operária, em seu número de 17 de abril de 1930, faz uma severa análise da derrota e uma autocrítica ainda mais severa das causas da derrota. Lendo agora este artigo, ficou-nos a impressão de que a autocrítica é feita aí partindo de posições também sectárias. (E aqui está como se pode fazer autocrítica da autocrítica, ai de mim!)

O BOC foi definitivamente dissolvido, meses mais tarde, pela própria direção do Partido que o havia criado e nele depositara esperanças que não eram infundadas. Hoje, refletindo friamente sobre o assunto, somos levados a admitir que semelhante decisão estava também imbuída de espírito sectário. Com todos os seus erros e desvios, o fato é que o BOC desempenhou importante papel na vida do Partido, contribuindo em medida considerável para elevar a consciência de classe do proletariado brasileiro. Tais erros e desvios, desde que devidamente localizados e caracterizados, como foram, podiam ser corrigidos a tempo, por maiores que fossem as dificuldades que o esforço de correção viesse a enfrentar, e com isso muito teria o Partido a ganhar.

Não pretendemos aprofundar, aqui, o exame do problema, que tão de perto interessa à história do PCB relativa ao período que vai de 1927 a 1930. Isto só poderá ser feito, obviamente, à vista de numerosos documentos, ainda esparsos e difíceis de compulsar. Além da *Carta Aberta*, que é o documento básico da formação do Bloco Operário, cujos objetivos unitários ultrapassavam politicamente os seus fins eleitorais imediatos, limitamo-nos a apontar e comentar alguns dos pontos principais da atividade dos comunistas no BOC, com indicações que possam servir a futuras pesquisas. Entendemos, por outro lado, que não podíamos fugir a emitir algumas opiniões de caráter pessoal, que afinal são opiniões de alguém que teve participação ativa e responsabilidade direta na direção do Partido — e, portanto, do BOC — durante boa parte do período aqui considerado.

Da esquerda para a direita, o jornalista Rafael Correia de Oliveira — enviado do *O Jornal*, primeiro a entrevistar o Cavaleiro da Esperança em seu exílio na Bolívia —, Luiz Carlos Prestes, o capitão Barron, comandante do destacamento boliviano, e um jornalista de Corumbá. Gaiba, Bolívia, fevereiro de 1927. Arquivo Anita Prestes.

ENCONTRO COM LUIZ CARLOS PRESTES

Em dias da segunda quinzena de dezembro de 1927 — há trinta anos, precisamente — avistei-me com Luiz Carlos Prestes, na Bolívia, por incumbência da Comissão Central Executiva (CCE). Seria talvez interessante contar um pouco por miúdo como e por que se deu esse encontro.

Sabe-se que o país viveu em Estado de sítio quase permanente desde julho de 1922 a dezembro de 1926. O governo Washington Luís, empossado a 15 de novembro de 1926, deixou que a medida de execução se extinguisse sem mais prorrogação, e assim o ano de 1927 começou sem sítio. O Partido, depois de quase cinco anos de vida ilegal, emergiu, por sua vez, para a luz do dia. Muita coisa haveria a dizer sobre as condições em que isso se verificou e como pôde o Partido integrar-se na nova situação. Basta dizer, porém, para o caso que nos interessa aqui, que os meses de janeiro a agosto de 1927 se assinalaram por considerável impulso do movimento operário e por intensa agitação promovida pela pequena vanguarda comunista, que dispunha aliás de um jornal de massa, o vespertino *A Nação* dirigido por Leônidas de Resende e em cuja redação trabalhavam três ou quatro membros da CCE do Partido. Com a aprovação pelo Parlamento de uma lei feroz visando diretamente ao Partido e ao movimento operário, mergulharam os comunistas, de novo, na ilegalidade. A publicação do jornal foi suspensa, e o movimento operário amordaçado.

Nos meses que se seguiram, a CCE do Partido procedeu a rigoroso exame da situação criada, chegando por fim à conclusão de que a derrota sofrida se devia principalmente às posições sectárias do Partido. Levantava-se, em toda a sua plenitude, o problema dos aliados para a classe operária e para a participação da classe operária no movimento revolucionário popular em marcha. Em resumo: tais considerações levaram a CCE a buscar uma aproximação efetiva, em termos políticos, com a Coluna Prestes, que se havia internado na Bolívia justamente em fins de 1928 e cujo prestígio popular e revolucionário mantinha-se intacto e mesmo crescente. Decidiu a CCE, por maioria de votos, enviar-me (na qualidade de secretário-geral do Partido) à presença de Prestes. Conviria aqui observar que a minoria que votou contra (dois membros da CCE), mantendo-se na velha posição sectária, que se agravava com certo "obreirismo" radical, foi a mesma que pouco tempo depois abriu a primeira oposição organizada dentro da CCE e do Partido — oposição que só veio a ser liquidada no III Congresso do Partido, em janeiro de 1929.

Decidida a viagem, segui para Corumbá, perto da fronteira boliviana. Obtive de Pedro Mota Lima, que era então diretor do jornal "tenentista" *A Esquerda*, uma carteira de repórter, com o compromisso de, ao regressar, reduzir os resultados do encontro a uma entrevista com Prestes. Se bem que viajando legalmente, com uma carteira de repórter no bolso, eu tomara todas as precauções compreensíveis no caso. Tanto mais que a mala, que levava comigo, estava cheia de livros: tudo quanto pudemos conseguir, na ocasião, de literatura marxista existente no Rio — Marx, Engels, Lênin, etc., uma boa dúzia de volumes, quase todos em francês das edições de *L'Humanité*.

Chegado a Corumbá, procurei certo camarada do Partido que lá residia, um oficial reformado da. Marinha, que eu conhecia do Rio, e por seu intermédio estabelecemos a necessária ligação com elementos da Coluna Prestes. Passei assim uns três dias em Corumbá, aguardando o momento do encontro em combinação. E aqui devo relatar um pequeno episódio, que no primeiro instante me deixou um tanto apreensivo. Eu estava, uma noite, a flanar pelas ruas da cidade, quando de repente avistei o coronel Bandeira de Melo. Este fora durante anos titular da delegacia de ordem política e social da polícia federal (naquele tempo se chamava "quarta delegada auxiliar") e meu velho conhecido de várias prisões que sofri no Rio. Corumbá era um lugar de natural vigilância policial contra a Coluna

Prestes e o coronel Bandeira de Melo não estaria ali a veranear sob um calor de rachar. Mas o fato é que eu consegui avistá-lo antes que ele me avistasse e assim pude facilmente despistar.

Chegado o dia aprazado para o encontro, tomei um automóvel de amigos comuns de confiança e seguimos rumo à fronteira. A cerca de 25 quilômetros de Corumbá fica a cidade boliviana de Puerto Suarez. Aí me encontraria com Prestes.

Prestes viera de longe (se bem me lembro, de Santa Cruz de la Sierra) para a entrevista com o enviado da CCE do Partido Comunista. Recebeu-me numa casa, aliás bem modesta, em companhia de dois oficiais da Coluna. Aí passei quase dois dias, e conversamos longamente. Eu lhe transmiti claramente o pensamento da direção do Partido sobre as questões que nos levaram a procurá-lo e que tudo se resumia em coordenar as nossas forças tendo em vista os objetivos comuns. Era, em suma, o problema político da aliança entre os comunistas e os combatentes da Coluna Prestes, ou, em termos mais amplos, entre o proletariado revolucionário sob a influência do Partido Comunista e as massas populares, especialmente as massas camponesas, sob a influência da Coluna e do seu comandante. Colocada a conversa, desde o início, em forma de absoluta lealdade de parte a parte, fácil foi a concordância estabelecida.

Mas a conversa se estendeu no sentido de um exame geral da situação do país — e aí o repórter apurou os ouvidos, recolhendo uma série de importantes declarações de Prestes, que aproveitava a oportunidade para dirigir-se aos brasileiros por intermédio de um jornal como *A Esquerda*, estreitamente ligado aos movimentos populares de então. De regresso ao Rio, servindo-me quase que só da memória (com apenas uma ou outra nota muito breve), redigi a longa entrevista que *A Esquerda* publicou durante três ou quatro dias consecutivos, a partir de 2 de janeiro de 1928, data do trigésimo aniversário de Prestes.

A ocasião me permite esclarecer que a redação da entrevista, que produziu considerável repercussão, como se esperava, era de minha responsabilidade, embora publicada sem assinatura. Como porém não sofreu a menor contestação ou retificação, isto quer dizer que o repórter, escrevendo embora à sua maneira, soube interpretar com fidelidade o pensamento do entrevistado. Não será demais que o relembre agora, a trinta anos de distância, tanto mais que se trata da mais importante reportagem que fiz em toda a minha carreira de profissional — e da qual posso envaidecer-me sem desdouro nem escusada prosápia.

Disse no começo que levava na minha mala uma certa quantidade de livros de autores marxistas. Entreguei-os a Prestes dizendo-lhe que era nosso desejo que ele estudasse por si mesmo a teoria e a prática da política pelas quais buscávamos orientar o Partido Comunista, inteirando-se, assim, não só dos princípios e fins da nossa atividade prática, mas também das soluções que a ciência marxista apresentava para os problemas sociais do nosso tempo. Devo hoje acrescentar que, ao dizer-lhe estas coisas, eu guardava a esperança de que Prestes, ao tomar conhecimento direto das ideias marxistas, não demoraria em compreender que elas exprimiam a verdade do presente e do futuro. Sua inteligência, sua honradez, sua experiência pessoal no combate com a gente e as coisas brasileiras fariam o resto. Os fatos demonstraram que eu não me enganava.

(1957)

DISCUSSÃO INTERNA EM 1928

Em meados de 1928, a direção do PCB resolveu editar um órgão especial de discussão, tendo em vista expor e debater perante todo o Partido certas críticas e divergências, que vinham se acumulando desde algum tempo e que haviam culminado com a publicação de um panfleto, firmado por antigo membro da CCE, no qual se articulava uma série de violentos ataques a diretivas seguidas na atividade partidária. O autor do panfleto era o secretário sindical da CCE, e seu rompimento com a direção fez cristalizar-se à sua volta um movimento de oposição organizada, abrangendo algumas dezenas de membros do Partido. Sem ceder uma linha na defesa da unidade do Partido, entendeu entretanto a CCE que era necessário examinar abertamente as críticas e divergências vindas a público de maneira irregular. Em circular dirigida a todas as organizações intermediárias e de base, a direção justificou nos seguintes termos a necessidade de se criar um órgão interno de discussão:

> A CCE declara aberta a discussão interna entre os membros do Partido acerca das questões de ordem política, sindical, orgânica e outras de interesse do Partido e que possam constituir material de estudo para o III Congresso. Para este fim, a CCE decide criar um órgão especial de discussão, a ser divulgado exclusivamente entre os membros do Partido, até à reunião do III Congresso. Fique, porém, bem entendido:
> a) que a discussão é completamente livre para qualquer membro do Partido *somente* por intermédio desse órgão especial; b) que, em consequência, não é permitida nenhuma intervenção ilegal na discussão, isto é, por meio outros que não sejam as colunas do órgão especial e sob o controle da CCE, de conformidade com os Estatutos do Partido; c) que a discussão, livre até o III Congresso, não implica de modo algum suspensão na aplicação de resoluções

vigentes, como por exemplo as resoluções da Conferência de Organização de fevereiro.

O que a CCE deseja e decide, desde já, é estimular o debate franco e profundo sobre os problemas de toda natureza que interessam ao Partido e possam contribuir para esclarecer os debates do III Congresso, que terá de resolver, em definitivo, sobre aqueles problemas.

A nova publicação tomou o nome de *Auto-Crítica*, saindo em forma de revista, com um mínimo de dezesseis páginas cada número. Sua coleção consta de oito números, seis publicados antes do III Congresso, e mais dois já em 1929, depois do Congresso. Ao todo, 160 páginas de texto, formato 28×19, composição em duas colunas. *Auto-Crítica* tornou-se raridade bibliográfica, o que justifica estes detalhes descritivos.

Eis as principais matérias debatidas nos seis números que antecederam a realização do III Congresso: a atividade dos comunistas nos sindicatos operários, a linha política e tática do Partido no Bloco Operário e Camponês, o problema camponês, a Juventude Comunista e o Partido, o caráter da revolução brasileira, a luta contra o anarcossindicalismo e o peleguismo, a disciplina partidária, e ao lado disso alguns documentos da Internacional Comunista (IC) e do Secretariado Sul-Americano da IC.

Uma análise, mesmo sucinta, dos debates travados nas páginas de *Auto-Crítica* seria de grande interesse para a história da formação do PCB, mas isso nos levaria longe, nem é nosso propósito aqui fazer história, senão apenas colher dados para a história. De um modo geral e muito sumário, podemos, contudo, constatar que o seu nível teórico era baixo, mantendo-se a discussão quase que só no terreno da atividade prática dos comunistas, inclusive naqueles pontos que mais de perto se relacionavam com a linha e a tática do Partido. Apenas nos documentos da IC, como era natural, os problemas políticos recebiam tratamento mais aprofundado. Da leitura levada a efeito, de novo, a mais de trinta anos de distância, chegamos a concluir que o ponto alto da discussão propriamente dita residia na firme posição da direção em defesa da unidade do Partido. Ainda aí, sem dúvida, não será difícil assinalar uma certa tendência formal, pairando na superfície dos problemas; mas, em essência, em sua palpitação interior, a luta pela unidade sustentada com intransigência pela direção foi necessária e justa. Isto aliás foi reconhecido e aprovado pelo III Congresso.

Os dois últimos números de *Auto-Crítica*, 7 e 8, publicados depois do III Congresso, já não correspondiam aos objetivos iniciais da discussão aberta pela CCE, sendo mesmo de se estranhar que inserissem em suas páginas alguns materiais de uma polêmica que o Congresso havia dado como encerrada[1]. O número 8, sobretudo, parece-nos desordenado, inclusive em sua apresentação gráfica, e sua leitura nos leva à seguinte observação — que se pretendia então realizar uma revisão não declarada da linha do III Congresso.

O que não padece dúvida é que esse número 8 de *Auto-Crítica* possui enorme importância para o estudo das origens e da significação da nova orientação política introduzida no Partido durante os anos de 1929-1930. Não é menor a sua importância como portador dos primeiros sinais de mudança nem sempre louvável nos métodos de trabalho na direção, coisa de início imperceptível e todavia destinada a produzir consequências das mais sérias, com graves repercussões na vida do Partido por muitos anos a seguir[2].

Ao cabo de tudo, se fizermos um balanço mais apurado das discussões desencadeadas pela publicação do panfleto a que aludimos acima, e que aliás foram exploradas pela imprensa reacionária e também pelos anarquistas e social-reformistas, poderemos verificar, muito simplesmente,

---

[1] Os seis primeiros números de *Auto-Crítica* foram feitos sob a imediata responsabilidade do então secretário-geral do Partido, que em fevereiro de 1929 ausentou-se do país, só regressando em janeiro do ano seguinte. Não lhe cabe portanto nenhuma responsabilidade na publicação dos números 7 e 8.

[2] Não é aqui o lugar para um exame a fundo desse período da vida do Partido, nem possuímos atualmente elementos suficientes para documentação de tal exame. Limitamo-nos a levantar o véu da questão, certo de que há ali coisas ainda obscuras que o historiador do Partido deverá um dia esclarecer ao abordar o período de 1929-1931 e seu desdobramento em anos subsequentes.

que todas as críticas e divergências surgidas depois de 1927 tinham o seu ponto de partida nas falsas concepções dominantes no Partido acerca do caráter da revolução brasileira. Tudo o mais decorria daí, e nesta questão, que era fundamental, todos se equivocavam e erravam, tanto a direção quanto a "oposição". O sectarismo e o dogmatismo, o esquerdismo e o oportunismo eram comuns a uns e a outros. A confusão era geral, fruto da geral insuficiência teórica. As diferenças existentes eram apenas de gradação, de mais ou menos num sentido ou noutro. O mérito principal da direção, conforme já assinalamos, consistiu em manter-se firme na defesa da unidade do Partido.

NOTÍCIA DO III CONGRESSO

O III Congresso do PCB reuniu-se durante os dias 29, 30 e 31 de dezembro de 1928 e 1º, 2, 3 e 4 de janeiro de 1929, no sobradão de uma chácara situada à rua Benjamin Constant, em Niterói, onde tinha a sua sede então a Federação Operária do Estado do Rio. Participaram de suas sessões 31 camaradas, dos quais dez membros da antiga direção, treze delegados de seis organizações regionais, dois da Juventude Comunista, três sem direito a voto e outros três que assistiram aos trabalhos como ouvintes. Os delegados regionais representavam os estados de Pernambuco, Espírito Santo, Rio de Janeiro, São Paulo, Rio Grande do Sul e Distrito Federal. As organizações da Bahia e de Minas não mandaram delegados. Segundo suas profissões, os 31 participantes do Congresso assim se repartiam: dezesseis operários, seis empregados, seis intelectuais e três diversos.

A ordem do dia constava de muitos e variados pontos, como se pode calcular pela enumeração das teses e resoluções adotadas: 1) A situação política nacional e a posição do Partido Comunista; 2) A luta contra o imperialismo e os perigos de guerra; 3) O trabalho do Partido nos sindicatos operários; 4) Sobre a questão camponesa; 5) Sobre o Bloco Operário e Camponês; 6) Sobre o Socorro Vermelho; 7) Sobre a luta contra o fascismo; 8) Sobre a questão esportiva; 9) Sobre a cooperação revolucionária; 10) Sobre a imigração; 11) Sobre a questão dos inquilinos; 12) Sobre a organização do Partido; 13) Sobre a Juventude Comunista; 14) O Partido em São Paulo; 15) A questão da oposição; 16) Moções diversas: À Internacional Comunista; Ao Secretariado Sul-Americano da IC e aos partidos irmãos da América Latina; Aos PC do Paraguai e da Bolívia; Saudação ao general Sandino; Aos PC da América do Norte e da Grã-Bretanha; Ao PC(b) da URSS.

As teses e resoluções adotadas pelo III Congresso foram publicadas em folheto e constituem, juntamente com as teses e resoluções do II Congresso, também publicadas em folheto, indispensável material para o estudo da história do PCB durante largo período.

Os debates do III Congresso e as resoluções por ele aprovadas revelam como persistiam na direção do Partido as falsas concepções acerca do caráter da revolução brasileira. É evidente o esforço realizado pelo III Congresso no sentido de aprofundar a análise da situação econômica, política e social do país; mas tudo se embaralhava em muitas incompreensões a respeito dos fatores que entravam e se entrosavam no conjunto da situação real, sobretudo no concernente às forças de classe em presença e ao papel que a classe operária devia representar no movimento revolucionário em marcha desde 1922. Poder-se-ia talvez dizer que o III Congresso ouvia o galo cantar mas não sabia onde.

É difícil resumir as teses políticas adotadas pelo III Congresso, justamente pelo que há nelas de confuso e contraditório. Elaboradas sob a influência de concepções errôneas, como a da "terceira revolta", que se previa como continuação histórica necessária dos movimentos de 1922 e 1924-1926, elas estavam fadadas a completo fracasso quando postas à prova pelo movimento real de 1930. Acertada aliás fora a caracterização das causas que provocariam o movimento de 1930, como se vê na seguinte passagem:

> [...] o exame objetivo da situação econômica, política e social do País, no momento presente, faz prever uma conjuntura revolucionária, que poderá resultar da coincidência de vários fatores: 1º) crise econômica consequente a uma catástrofe na política do café; 2º) crise financeira ligada à crise econômica e resultando diretamente do fracasso do plano de estabilização monetária artificialmente sustentado por meio de empréstimos onerosos; 3º) crise política, vinculada, ao problema da sucessão presidencial brasileira (1930) [...]

A primeira parte das teses políticas é consagrada à caracterização da economia nacional. Diz-se aí: "A economia brasileira, encarada em seu conjunto, no que ela tem de fundamental e predominante, pertence ao tipo de economia agrária, semifeudal, semicolonial".

A fundamentação desta, tese é desenvolvida em breve análise dos elementos constitutivos da nossa economia: produção agrícola representando duas vezes o valor da produção fabril; cultura extensiva do solo em grandes fazendas e latifúndios, submetidos os trabalhadores a um regime de escravos e servos; indústria fabril limitada à produção de objetos de consumo; comércio exterior baseado na exportação de produtos do solo e do subsolo e na importação de produtos manufaturados e maquinaria para a indústria ligeira; dependência comercial e financeira em relação aos países imperialistas. São a seguir especificadas as diversas regiões agrícolas do país; extremo Norte — borracha; Nordeste — açúcar e algodão; Centro-Sul — café; extremo Sul — cereais e gado. Salienta-se, nessa especificação, a predominância do café na economia nacional: 30% da produção agrícola, 20% do total da produção agrícola e industrial, 70% do valor total da exportação brasileira.

A posição dos capitais estrangeiros na economia do país é descrita nos seguintes termos:

> Os capitais estrangeiros estão empregados, no Brasil, mais ou menos metade por metade, em empréstimos públicos e em empresas particulares: bancos, caminhos de ferro, portos, minas, energia elétrica, fábricas, fazendas, etc. Isto quer dizer que o imperialismo tem nas mãos os principais postos de comando da economia nacional. De tal sorte, ele controla e manobra o desenvolvimento de indústria nacional, segundo os interesses de sua dominação: retira para o exterior os juros dos capitais invertidos no País; adquire e mantém sem explorar as jazidas de ferro, base da indústria pesada; faz do comércio exterior, como já ficou dito, uma simples troca de matérias-primas e produtos alimentícios por produtos acabados da indústria e, sobretudo, por maquinismos e meios de produção.

Eis a conclusão dessa primeira parte do documento: "Enfim, o período atual, fundamentalmente, é um período de luta entre as forças internas de expansão, propulsionadas por fatores de natureza diversa, e as forças externas de compressão, sustentadas pelo imperialismo, que suga, explora e oprime as energias do País. — De tudo isto resulta uma situação de instabilidade crescente na economia, na correlação das forças econômicas e, por via de consequência, na correlação das forças políticas".

Feita a análise da situação econômica, segue-se a segunda parte, em que se faz a análise da situação política. Aqui os dados em apreço são naturalmente menos claros e precisos, disto resultando uma análise confusa, esquemática e sectária, sobretudo no balanço das forças de classe em presença. Salva-se até certo ponto a tese relativa à pressão exercida pelo imperialismo sobre a política interna. Vale a pena transcrevê-la:

> Como fator fundamental nesse reagrupamento de forças internas, mais e mais se há feito sentir a pressão externa do imperialismo. Pressão dupla e antagônica. Até à guerra mundial, dominava no Brasil, sem contraste, o imperialismo inglês; porém, de então para cá entrou em cena o jovem imperialismo ianque, irresistível rival daquele. Seculares eram as ligações de dependência da burguesia agrária e conservadora do Brasil em relação ao imperialismo britânico; daí que o imperialismo norte-americano, como primeira etapa em seu plano de penetração, tenha procurado apoiar-se na burguesia industrial, pretensamente liberal, mais jovem, mais ambiciosa, mais ousada. O agravamento dessa dupla e contraditória pressão externa não podia deixar de acentuar, como acentuou, como acentua cada vez mais, os antagonismos das forças sociais internas, aumentando a exploração e a opressão das massas laboriosas em geral. Tal a causa primordial dos descontentamentos populares acumulados nestes últimos anos e que explodiram nas revoltas de 5 de julho.

São visíveis — aos nossos olhos de hoje — os erros de formulação da tese; mas o seu conteúdo possui elementos positivos, que não devemos desprezar. Erros mais graves se verificam, a seguir, na apreciação das forças de classe existentes no país: burguesia agrária e conservadora, burguesia industrial e liberal, grande burguesia (com referência às duas camadas), pequena burguesia, proletariado. Fala-se também em fazendeiros e latifundiários, mas não se fala em camponeses, lavradores e operários agrícolas. Com semelhante nomenclatura, defeituosa e omissa, arma-se o jogo das lutas políticas no país, chegando-se a conclusões meramente esquemáticas, que fornecem os elementos para a formulação da teoria da "terceira revolta".

Essa "teoria" é desenvolvida na terceira parte das teses, consagrada à posição do Partido Comunista. Ela pretende fundamentar-se na análise das causas e consequências históricas dos movimentos de 5 de julho de 1922 e 1924 e sua continuação — a Coluna Prestes. As teses preveem uma "terceira explosão revolucionária", que seria a continuação mais ampla e radical dos movimentos anteriores. A essa perspectiva devia ajustar-se a posição do Partido Comunista, ao estabelecer os seus planos de atividade política entre as massas: "Toda a tática do Partido Comunista deve, portanto, subordinar-se a esta etapa estratégica da mobilização das massas em vista do movimento que se prevê. O Partido Comunista deverá colocar-se à frente das massas, a fim de conquistar, por etapas sucessivas, não só a direção da fração proletária, mas a hegemonia de todo o movimento".

A quarta e última parte das teses trata das tarefas que os comunistas eram chamados a realizar após o III Congresso do Partido. Propaganda e organização, atividade nas organizações de massa, maior ajuda à Juventude Comunista, etc. Especial atenção é dada ao trabalho dos comunistas nos sindicatos operários, visando à ampliação, ao fortalecimento e à unidade do movimento sindical e suas lutas, inclusive pelo combate ao espírito corporativista e às tradições anarcossindicalistas.

O problema do trabalho no campo é abordado de maneira genérica nas teses políticas — e veremos adiante que, mesmo na resolução especial sobre a matéria, limitou-se o III Congresso a generalidades, tamanho o desconhecimento do Partido na matéria. Outro item, a seguir, é dedicado ao Bloco Operário e Camponês, sobre o qual o III Congresso adotou igualmente uma resolução especial.

O segundo ponto da ordem do dia do III Congresso foi consagrado à luta contra o imperialismo e os perigos de guerra. As teses discutidas e aprovadas começam por um breve panorama descritivo da situação mundial, abordando a seguir o problema da penetração imperialista no Brasil.

Das afirmativas feitas para definir o problema destacamos alguns itens característicos:

> O Brasil é um país semicolonial. Penetrando nele o imperialismo, adaptando a economia do País ao seu próprio interesse, apoia-se nas formas de exploração feudais e semiescravagistas, baseadas no monopólio da terra. A princípio, o capital industrial encontrava uma grande resistência por parte dos agrários. Agora, o capital industrial e o capital agrário interpenetram-se cada vez mais. A junção do monopólio da terra com o monopólio imperialista constitui o centro das contradições de classe no Brasil.

Depois de descrever os vários processos de penetração imperialista no Brasil, as teses acentuam as diferenciações entre o imperialismo inglês e o imperialismo norte-americano:

> O imperialismo inglês penetra especialmente em ligação com o capital agrário, apossando-se das estradas de ferro que atravessam as grandes zonas agrícolas e apoiando o plano de valorização do café. — O imperialismo norte-americano penetra mais sob a forma de capital industrial (eletricidade, rodovia, maquinismos). Ultimamente, na questão dos empréstimos, o imperialismo norte-americano está em caminho de sobrepujar o imperialismo inglês. — O produto principal da economia brasileira, o café, depende do imperialismo norte-americano porque os Estados Unidos constituem o maior mercado consumidor. E depende do imperialismo inglês por causa dos empréstimos.

Tudo esquemático, como se vê.

No item relativo aos perigos de guerra, que também ameaçam envolver o Brasil, a argumentação das teses se desenvolve dentro da mesma linha esquemática.

A parte final do documento pretende responder à pergunta — como lutar contra o imperialismo e os perigos de guerra? A resposta se multiplica em doze itens, com algumas indicações práticas, mas representando em conjunto uma confusa mistura esquemática e sectária.

As teses sobre o trabalho do Partido nos sindicatos operários — terceiro ponto da ordem do dia do III Congresso — enquadram-se, naturalmente, no esquema sectário dominante na orientação do Congresso. A primeira parte do documento refere-se à reação internacional e nacional, traçando de início um breve quadro da situação mundial do movimento sindical, empenhado na luta contra a ofensiva reacionária do capitalismo. No plano nacional — "as leis de exceção contra o proletariado são uma consequência direta da dependência política do Brasil à política dos países imperialistas, principalmente da Inglaterra e dos Estados Unidos".

Segue-se a parte relativa à situação sindical no Brasil, onde se alinham alguns dados de inegável interesse:

> Encarada em conjunto, a situação da organização sindical no Brasil aparece ainda fraquíssima. Para 1.500.000 operários e assalariados da indústria em geral, apenas cerca de 100.000 se acham organizados em sindicatos de ofício ou sociedades operárias mistas, sendo a maior parte daqueles no Rio de Janeiro (mais ou menos 40.000). Ademais, com exceção de alguns sindicatos, a organização é primitiva, dispersa, fraccionada, corporativista.
>
> Organizações centrais existem apenas: a Federação Sindical Regional do Rio e a União Geral dos Trabalhadores de Pernambuco, e na base nacional de indústria a Federação Poligráfica. Mesmo, porém, estas organizações, apesar de seguirem uma orientação revolucionária, não cumprem plenamente as funções que lhes competem devido a falhas diversas, que é necessário caracterizar e corrigir a todo custo. Não poucas dessas falhas, é certo, vêm de longe e são de origem anterior à direção revolucionária; mas não é menos certo que nós não temos sabido emendá-las convenientemente.
>
> Podemos apontar como causas remotas e presentes de tais falhas: a) greves impensadas, sem nenhuma preparação das massas, sem o estudo estratégico das condições concretas em meio das quais a luta se declara; b) corporativismo, tradição anarquista, descentralização da organização e do movimento; c) estreiteza administrativa e burocrática, o que leva a perder o contato e a ligação com as massas; d) ausência de organismos de base, nas fábricas e oficinas; e) não inclusão, no programa da maioria dos sindicatos, principalmente nos de orientação revolucionária, de benefícios

e vantagens de natureza beneficente, cultural e recreativa, destinados a prender as massas em suas organizações; f) falta de militantes sindicais remunerados pelos próprios organismos sindicais ao serviço dos quais coloquem toda a sua atividade.

Para remediar tais falhas, tarefas são traçadas para os comunistas que militam nos sindicatos. São tarefas principalmente de ordem organizativa e educativa, detalhadas em dezoito itens sucessivos. As teses chamam a atenção do Partido para a necessidade de concentrar a sua atividade no terreno orgânico, no fortalecimento da FSRR e da CGT, esta no plano de centralização nacional e aquela no plano regional podendo servir de modelo às demais regiões do país.

Na quarta parte das teses sindicais apontam-se mais alguns dados sobre o movimento sindical brasileiro, que nos parece útil reproduzir:

> É inegável que existe uma certa tradição de organização e de luta no proletariado brasileiro. Grandes· movimentos o agitaram no passado. Notadamente no período que se seguiu à guerra mundial, como reflexo mesmo da efervescência, revolucionária universal de então, os grandes centros operários do Brasil — Rio, São Paulo, Pernambuco, Bahia, Rio Grande do Sul — se viram sacudidos por movimentos elementares e irresistíveis, que chegaram por momentos a dominar algumas cidades. Durante esse período desenvolveu-se no mais alto grau a organização sindical de várias corporações, tendo alguns sindicatos locais atingido efetivos que orçavam pelos 90% do total dos operários da respectiva indústria, por exemplo, o de tecidos, no Rio de Janeiro, que chegou a agremiar cerca de 20.000 operários. Mas a esse período de alta efervescência sucedeu — como no resto do mundo — um período de profundo abatimento, de depressão, de letargia. Se bem que a fase aguda deste estado de espírito tenha passado desde alguns anos, ele persiste, todavia, dificultando bastante o trabalho de organização das massas.

Em seguida são feitas algumas considerações sobre a ideologia e a educação das massas: palavreado superficial que nada adianta de concreto. A parte final aborda o problema do aparelho sindical do Partido e a ação de seus membros. É uma exposição crítica e autocrítica dos defeitos existentes e dos erros cometidos. Eis um trecho que define o caráter dessa exposição:

> Em sua maioria os camaradas que militam nos sindicatos estão ainda impregnados pelo espírito corporativista, localista, autonomista, resíduos do anarcossindicalismo. Muitos deles só veem o seu sindicato e nele desenvolvem grande atividade — mas fora dos limites estreitos do sindicato e da corporação não veem mais nada, nem os outros sindicatos, nem a Federação, nem o Partido. Este estado de espírito é que se torna urgente combater encarniçadamente.

Há nessas palavras uma crítica acertada, que se perdia, entretanto, por inconsequência, em virtude da linha sectária dominante no III Congresso.

Sobre a questão camponesa adotou o III Congresso uma resolução modesta, de acordo com as limitadas possibilidades reveladas durante a discussão do problema. O trecho seguinte define a sua natureza e o seu alcance:

> Posta na ordem do dia do III Congresso, como ponto dos mais importantes a ser debatido, sua discussão deu ensejo a que se reunissem informações e materiais do maior interesse. De tal sorte, o III Congresso marca já um notável progresso nesta questão. Ela é, porém, extremamente difícil, nas condições do Brasil, onde a enorme extensão territorial cria diferenças profundas de situação entre as várias regiões do País. Não é possível, destarte, formular teses definitivas, nem traçar diretivas completas para o trabalho próximo do Partido. Limita-se, portanto, o III Congresso a publicar todo o material recolhido e, na base dos relatórios ouvidos e da discussão verificada, estabelecer uma série de palavras de ordem provisórias, de aplicação geral umas e outras de aplicação particular a certas regiões.

Da leitura dessas palavras de ordem, tanto as de ordem geral quanto as de ordem regional, verificamos que elas dizem respeito quase que exclusivamente aos assalariados agrícolas, desconhecendo a realidade da massa propriamente de camponeses predominante de norte a sul do Brasil. Fala-se em salários e horas de trabalho, colonos, imigrantes, e só uma vez, relativamente ao Nordeste, em pequenos proprietários. Nem uma palavra sobre a reforma agrária e a liquidação do latifúndio.

A verdade é que o debate travado no III Congresso e os materiais que lhe foram apresentados reduziam-se a bem pouca coisa, e as palavras de ordem formuladas são um reflexo disso. Nem admira que depois do III Congresso e ainda por muitos anos se mantivesse o Partido praticamente omisso na questão, que é ainda hoje fundamental no desenvolvimento da revolução brasileira.

Na resolução sobre o Bloco Operário e Camponês faz-se a sua caracterização nos seguintes termos:

> As condições especiais do atual momento criaram para o BOC duas funções: como forma de organização de massas e, ao mesmo tempo, como uma forma de trabalho legal do PCB. Uma tal situação agrava os dois perigos seguintes:
> 1) O PCB arrisca-se a perder a direção política do BOC. Isto produziria a degenerescência eleitoral do BOC e seu aproveitamento pelos políticos parlamentares da pequena burguesia, colocando o proletariado a reboque desses elementos.
> 2) O PCB arrisca-se a perder sua fisionomia própria como consequência da adaptação de toda a sua política ao conteúdo político do BOC, subordinando sua ação às possibilidades de trabalho legal. Este é o perigo mais grave e contra ele devemos tomar todas as medidas. Para isto, o PCB deve, ao mesmo tempo, desenvolver sua própria propaganda nas massas, em seu próprio nome, com toda a nitidez classista, sem subordinação às possibilidades legais da luta. Só assim o PCB será cada vez mais o núcleo central do BOC, dirigindo sua atividade com toda a firmeza.

Depois de criticar e condenar certas manobras eleitorais do BOC de São Paulo e advertir severamente o deputado do BOC no Congresso Nacional (eleito em fevereiro de 1927) por seus desvios oportunistas, a resolução do III Congresso recomenda que se organizem comitês e centros políticos, por todo o país, filiados ao BOC. Centros e comitês que não deviam limitar sua atividade ao terreno eleitoral, mas buscando sobretudo ligar-se aos operários e lavradores pobres.

Lembrava-se, finalmente, que a penetração do BOC nos campos devia ser uma de suas tarefas essenciais. O que é certo, porém, é que o BOC jamais penetrou nos campos, mantendo-se apenas como organização legal de massas nas cidades, e como tal devemos reconhecer que realizou trabalho meritório.

Os comunistas se colocaram sempre na vanguarda da luta contra o fascismo. O III Congresso adotou uma resolução sobre a matéria, que foi examinada sob seus vários aspectos. Depois de definir a natureza reacionária e os objetivos imperialistas do fascismo, a resolução aponta algumas das formas mais visíveis de influenciação fascista no Brasil, o que isso representava como arma da reação interna e da penetração imperialista, e traça diretivas práticas de apoio às ligas antifascistas existentes no país, a fim de ampliar e intensificar a sua atividade.

A resolução sobre o trabalho do Partido entre imigrantes estrangeiros estabelece uma série de medidas práticas sobretudo tendo em vista desenvolver a propaganda do comunismo entre os operários estrangeiros chegados de pouco ao Brasil.

Com relação ao problema do inquilinato — lembremos que não havia então nenhuma lei limitando ou congelando os aluguéis —, a resolução do III Congresso traça algumas tarefas práticas para a atividade dos comunistas, inclusive recomendando aos dois vereadores do BOC que exigissem o cumprimento dos projetos já aprovados pela Câmara Municipal sobre a construção de casas para as camadas mais pobres da população.

De considerável importância é a resolução do III Congresso sobre a organização do Partido. Divide-se em três partes: 1) parte autocrítica, em que se apontam os defeitos e insuficiências existentes na organização e no funcionamento do Partido; 2) enumeração de diretivas visando a corrigir as falhas apontadas; 3) redação definitiva dos estatutos, baseados no modelo fornecido pela IC, e em vigor desde 1925, com a necessária adaptação às condições do Brasil.

Reproduzimos a seguir, na íntegra, as duas primeiras partes da resolução, que ainda hoje apresentam não pouco interesse:

> I — *Defeitos e insuficiências* — Em matéria de organização, a observação mais importante a fazer é a da desproporção existente entre a influência ideológica e política do Partido e as suas forças orgânicas. Aquela desenvolve-se

muito mais rapidamente que estas últimas. Isto deve-se a que ainda não aprendemos a realizar o necessário trabalho de recrutamento, nem tampouco sabemos conservar nas fileiras do Partido todos os novos aderentes (a proporção dos que ficam é de 50%). Sem dúvida, o Brasil é um país sem tradição de organização política operária; mas este fator não basta para explicar a debilidade orgânica de que sofremos. As causas principais desta debilidade estão em nós mesmos, isto é, nos defeitos e na insuficiência do nosso trabalho neste domínio.

Desde logo a noção errônea e estreita, que ainda prevalece em nosso meio, acerca do que deve ser o Partido Comunista, sua organização, seu papel, sua atividade, seus fins. Nem todos os camaradas compreendem bem ainda que o Partido Comunista é o partido político do proletariado, isto é, a organização de direção, o estado-maior que coordena, orienta e dirige os combates da classe operária. Predomina em muitos a concepção falsa do partido-seita, do partido simples grupo ou círculo de propaganda. Daí o recrutamento por afinidade pessoal ao invés do recrutamento político. Os novos membros do Partido em geral são propostos devido às suas ligações pessoais ou amistosas com os proponentes. É um recrutamento homeopático, dispersivo, desordenado, que não obedece a nenhum plano sistemático para ser realizado coletivamente pelas células.

Os novos elementos assim recrutados dificilmente se apegam à vida do Partido, ao qual aderem, mas do qual não se sentem nem se tornam membros integrantes, que participam da atividade política do Partido.

Por outro lado, as nossas células, em geral, não sabem interessar politicamente os novos aderentes de modo a prendê-los, ligá-los, fundi-los ao Partido. As boas, as melhores células limitam-se, quase sempre, a uma pura atividade burocrática, sem qualquer conteúdo político. Porque não basta reunir-se cada semana, com toda regularidade, para ler e discutir o expediente, pagar as mensalidades, recrutar mecanicamente as tarefas determinadas pelas instâncias. Esta regularidade é absolutamente necessária, mas não é tudo: porque é preciso, além dela, intervir na política do Partido, integrar-se na vida do Partido.

Num sentido contrário, devemos igualmente apontar como causa de nossa debilidade orgânica a indisciplina de certos camaradas em matéria de organização. Eles são disciplinados politicamente, isto é, acatam a política do

Partido; mas não cumprem os deveres de organização, não realizam os trabalhos orgânicos de que são incumbidos. Ora, não se pode separar a disciplina política da disciplina orgânica. Uma sem a outra anula-se a si mesma. O que a disciplina comunista exige é que a política do Partido seja aplicada organicamente, isto é, por meio da organização, de que todo membro é parte integrante. Outro defeito de organização notado no trabalho corrente do Partido é o da separação mecânica entre os diversos serviços ou funções: organização, agitprop, sindicatos, camponeses, etc. Vemos então, quer nas células, quer nos comitês, a atividade de cada um desses ramos de trabalho desenvolver-se isoladamente, sem qualquer ligação de plano prévio com os demais ramos. Este é um defeito grave no método dos nossos trabalhos, que deve sempre obedecer a planos prévios de atividade coletiva, coordenada, sistemática.

II — *O que é preciso fazer* — Para o bom funcionamento do Partido, é preciso realizar uma coordenação integral, política e orgânica, desde a célula e o núcleo de base até o comitê central, de todas as atividades individuais e coletivas do Partido, de todos os ramos e subdivisões do trabalho. É preciso racionalizar o trabalho interno do Partido, de sorte a obter o máximo de resultado do esforço comum combinado. Só desta maneira poderemos tornar a nossa organização o que ela deve ser: o estado-maior dirigente do proletariado, assentando as suas bases na massa, ali onde estão aglomerados e concentrados os operários da cidade e do campo.

O Congresso estabelece, neste sentido, as seguintes tarefas e diretivas práticas:

1º) Recrutamento político, sistemático, segundo os planos traçados pelas instâncias. Em seguida a toda agitação de massa, campanhas eleitorais, greves, demonstrações, etc., onde a influência política e ideológica do Partido se tenha feito sentir, é necessário organizar o recrutamento metódico e intensivo de novos membros, quer nas células existentes, quer em novas células, consolidando assim, organicamente, aquela influência.

2º) Concentrar o esforço de recrutamento na organização de células de empresa, principalmente nas grandes empresas de maior importância econômica, política e social. Como ensinava Lênin, é preciso fazer de cada grande empresa um baluarte do Partido.

3º) Vivificação política das células, comitês, núcleos, comissões, etc. Todas as organizações de base devem tomar posição em todas as questões políticas do

Partido. Quer o trabalho das células nas empresas ou bairros onde existem, quer o trabalho dos núcleos existentes nas organizações exteriores, devem ser estreitamente ligados à política do Partido. Cada célula ou núcleo deve considerar-se um agente do Partido, realizando a obra do Partido ali onde opera.

4º) O jornal de célula é dos melhores meios de vivificação política das organizações de base. Poucas tentativas deste gênero e assim mesmo muito imperfeitas têm sido feitas entre nós. É preciso renová-las, melhorá-las. Coisa essencial neste ponto é que os jornais de células sejam de fato escritos e feitos pelas próprias células, com os meios de que podem dispor. Os jornais de células podem ser manuscritos, policopiados, mimeografados, contanto que sejam feitos pelos membros mesmos das células.

5º) A criação de núcleos comunistas em todas as organizações externas, onde existem membros do Partido, é absolutamente necessária. Mas os núcleos não devem ficar no papel. Pelo contrário, sua atividade deve ser estritamente controlada pelos órgãos e instâncias correspondentes, de tal sorte que o trabalho deles se faça em ligação com o trabalho geral do Partido.

6º) Precisamos habituar-nos cada vez mais ao trabalho coletivo. Não somente as resoluções devem ser tomadas coletivamente; também a aplicação delas deve ser feita coletivamente. Toda atividade individual, dentro do Partido, deve estar subordinada à atividade coletiva da organização correspondente. Cada membro do Partido deve considerar-se uma peça da máquina que é o Partido, executando a sua função em conexão com o funcionamento comum e geral da máquina.

7º) A boa coordenação do trabalho exige a aplicação pontual e rápida das resoluções tomadas. Só assim adquire o Partido a necessária firmeza e agilidade no trabalho corrente. Devemos combater energicamente a impontualidade, a ronceirice, a displicência, a rotina...

8º) O princípio da responsabilidade e do controle deve ser estritamente observado. Em todas as reuniões e assembleias de todas as organizações do Partido devem ser prestadas rigorosas contas das tarefas realizadas ou em vias de realização.

9º) Cursos especiais de organização devem ser efetuados para a formação de militantes responsáveis, em todas as instâncias do Partido. O Comitê Central editará também folhetos em forma didática sobre questões práticas de organização.

Da resolução sobre a Juventude Comunista destacamos o trecho que se segue, com alguns dados que interessam à sua história:

> Os primeiros membros da Juventude Comunista do Brasil entraram em 1925, 14; em 1926, 13. Destes 27, em 1927 só restavam 8. Em maio de 1927, foi obrigado a ausentar-se o encarregado da Juventude da Comissão Central Executiva do Partido, passando seu cargo às mãos de membros da Juventude. Aproveitando o período de legalidade, fez-se ampla agitação pelo jornal *A Nação*, sendo comemorada em junho a Semana da Juventude Operária. Por esse tempo, a ligação com os Estados era quase nenhuma. Apenas correspondência com camaradas isolados de algumas regiões.
>
> Havia ao todo uns 30 membros, mais ou menos ativos, distribuídos por 5 células.
>
> As ligações com o Partido e com o Secretariado Sul-Americano eram quase nenhumas. Veio por fim, em agosto, a "lei celerada", que pôs fim ao trabalho legal, havendo em seguida como que uma debandada de alguns membros. Admitido um representante da JC na CCF do Partido, recomeçou o trabalho com a publicação de um jornalzinho mimeografado, *O Jovem Proletário*, que saiu regularmente até abril de 1928, quando fechou para auxiliar com o dinheiro de que dispunha *A Classe Operária*. Deve-se acrescentar que desde janeiro ele era impresso e tinha uma tiragem de 1.000 exemplares.
>
> No começo da organização, o trabalho era dificultado por ser na sua maioria dirigido por estudantes. Hoje, a maioria absoluta é de operários, havendo cerca de 25 células no Rio, das quais 5 de empresa. Um total de 120 membros, mais ou menos ativos, em 120 inscritos.
>
> A ligação com os Estados é bem intensa, e existem organizações, além do Rio de Janeiro, em Porto Alegre, Santos, São Paulo, Sartãozinho, Ribeirão Preto, Vitória, Pernambuco e Rio Grande do Norte.
>
> Em maio houve uma troca de representação com voz deliberada entre o CC da JC e a CCE do Partido. Em junho, um delegado foi enviado ao 5º Congresso da Internacional da JC, fazendo da nossa organização uma secção brasileira da IJC.

Por último, a resolução do III Congresso traça diretivas práticas para o trabalho específico da JC e suas ligações com o Partido.

Durante anos, desde a fundação do Partido, a situação deste em São Paulo foi sempre muito precária, muito aquém das possibilidades reais existentes no estado. O III Congresso submeteu a questão a exame, mas sem a necessária profundidade, e na resolução aprovada limitou-se a apontar algumas medidas de caráter organizativo em relação não só ao Partido mas também no concernente ao BOC, ao movimento sindical, à Liga Anti-imperialista, à Liga Antifascista, ao Socorro Vermelho e à atividade esportiva e cultural.

Lançando a palavra de ordem — *À conquista de São Paulo*, o III Congresso incumbiu o novo Comitê Central do Partido de proceder imediatamente a um estado aprofundado da situação de São Paulo, de modo a poder formular diretivas adequadas ao cumprimento da referida palavra de ordem.

Lê-se na resolução adotada no III Congresso acerca da "oposição" surgida no Partido em fins de 1927:

> Tendo passado por um rápido período de legalidade[1], realizando então intensa agitação entre as massas, o Partido necessitava a todo custo prosseguir no seu trabalho neste sentido, para um desenvolvimento de massa nas condições de nova ilegalidade. Como é bem de ver, enormes eram as dificuldades desse trabalho em tais condições. As mesmas questões postas então em discussão — aliança com a pequena burguesia revolucionária[2], trabalho sindical, trabalho do BOC — o demonstram suficientemente.
>
> Estas causas — desenvolvimento de massa e volta às condições de trabalho ilegal — que acumulavam ao extremo as dificuldades para o Partido, ligadas às insuficiências do Partido, é que permitiram à oposição desenvolver-se. Todavia, só mais tarde, depois da Conferência de fevereiro[3], é que a oposição apareceu como tal, rebelando-se contra a direção do Partido. A Conferência de fevereiro procedera a um severo balanço da obra de organização do Partido, notadamente no que se referia ao trabalho sindical. Os principais

---

[1] Janeiro a agosto de 1927.
[2] Representada pelos grupos chamados "tenentistas" e pela Coluna Prestes.
[3] Não dispomos de materiais relativos a essa Conferência.

responsáveis por este trabalho foram chamados a contas, tendo a Conferência exigido o cumprimento das tarefas do Partido no movimento sindical. Foi quando o chefe da secção sindical na CCE demitiu-se abruptamente deste último, publicando em seguida, por sua própria conta, uma *Carta aberta aos membros do PCB*. Em torno desta *Carta aberta* é que se cristalizou a oposição como fração rebelada contra a direção do Partido.

Politicamente, a oposição representava e representa todas as características de desvio pequeno-burguês: a) pela fraseologia esquerdista da sua campanha contra a direção do Partido; b) pela subestimação das forças da classe operária, pelo pessimismo e pelo derrotismo no trabalho de criação da FSRR; c) pela sobrevivência da ideologia anarcossindicalista pequeno-burguesa, por exemplo, na oposição entre o trabalho político e "econômico", entre o trabalho sindical e parlamentar; d) pelo individualismo e personalismo pequeno-burguês e completa incompreensão do papel do Partido como vanguarda centralizada e disciplinada do proletariado, resultando daí o trabalho fracionista, o ultimato e, por fim, a saída do Partido.

Depois de condenar semelhante deserção, nas condições em que se verificou, como ato de traição ao Partido e à causa do proletariado, sendo inclusive utilizada pelo inimigo, o III Congresso aprovou a decisão adotada pela CCE, que levou todos os documentos relativos à oposição ao conhecimento das bases do Partido, de modo a que todo o Partido pudesse discutir plenamente as questões levantadas[4].

A maior parte do grupo oposicionista endereçou um "memorial" ao III Congresso, reafirmando suas acusações e pedindo o reingresso às fileiras do Partido. O III Congresso se recusou a tratar com o grupo como tal, exigindo para o reingresso individual de cada um dos seus membros: "1) Dissolução do grupo e cessação de todo trabalho fracionista; 2) Reconhecimento da saída do Partido e da campanha de imprensa contra o Partido e sua direção como tendo sido ato de deserção criminosa; 3) Aceitação sem reservas das decisões do III Congresso e da disciplina absoluta do Partido".

---

[4] Ver neste volume o cap. "Discussão interna em 1928".

O novo Comitê Central ficou encarregado de examinar a questão de readmissão ao Partido na base de declarações individuais, nos termos acima.

ALGUMAS OBSERVAÇÕES AUTOCRÍTICAS

As grandes lutas operárias que se desenrolaram no Brasil a partir da greve geral de São Paulo, em julho de 1917, e se multiplicaram por todo o país até 1920, revelavam não só um vigoroso espírito combativo, mas um verdadeiro espírito revolucionário, se bem que ainda espontâneo e elementar, inspirado, sobretudo, pelo exemplo da revolução vitoriosa na Rússia. Já desde o começo da Primeira Guerra, Mundial, em 1914-1915, o proletariado brasileiro lançara-se à frente da luta popular contra a guerra, em favor da paz entre os povos; e a onda de greves, que se seguiu ao movimento pela paz, era uma demonstração de que a capacidade combativa da classe operária crescia de mais em mais.

Mas estávamos num país de estrutura semifeudal e semicolonial; faltava-nos uma tradição marxista; nosso proletariado de formação recente e heterogênea (de origem escravista, artesanal e imigratória) havia seguido até então, em suas organizações e suas lutas, dois caminhos igualmente falsos — de um lado sob a influência social-reformista, mistura de economismo sindical e de reformismo legalista ou parlamentar, e de outro lado sob a influência anarcossindicalista, que se perdia em desbragado verbalismo "revolucionário".

Sem uma direção política, esclarecida e firme, que só um partido proletário de orientação marxista podia imprimir ao movimento, a onda de greves e as lutas de massa, espontâneas e irresistíveis, se esvaíram quase sem deixar vestígios, além de algumas conquistas econômicas parciais. Mas ficou a experiência, e essa experiência levava a compreender claramente a necessidade de um partido da classe operária, organização política independente, ao qual incumbiria precisamente a missão de dirigir as lutas operárias. O exemplo da Revolução de Outubro era concludente e servia também para mostrar que era preciso buscar outro caminho, diferente daqueles até então seguidos.

Nasceu assim o Partido Comunista do Brasil, em 1921-1922, como legítima expressão de uma necessidade sentida pela classe operária, que fazia na prática o seu aprendizado de marxismo.

Aprendizado que se prolongaria ainda por muitos anos, irregular, difícil, sofrendo os percalços de uma série de condições adversas, tanto de ordem objetiva quanto de ordem subjetiva; aprendizado que se confunde com a própria história da origem, da fundação e do desenvolvimento do Partido.

Compreende-se que a ausência de uma tradição marxista (basta lembrar que o *Manifesto Comunista* de Marx e Engels só foi publicado entre nós, sob a forma de livro, em 1924) havia de tornar ainda mais difícil, nas condições do nosso país, a tarefa de extirpação das influências reformistas e anarquistas, que perduravam no movimento operário em geral, mesmo depois das experiências de 1917-1920, e se refletiam desastrosamente no Partido e sobretudo em sua direção.

É certo que o Partido se formou, historicamente, na luta contra tais tendências estranhas à ideologia marxista, e isto apesar das insuficiências e erros da direção; mas devemos reconhecer que esses erros e insuficiências da direção do Partido (refiro-me particularmente à direção em exercício no período de 1922-1930, da qual era eu o principal responsável) contribuíram em larga escala para retardar o processo de extirpação das perniciosas sobrevivências ideológicas que restavam do período anterior a 1917-1918.

Considere-se, por outro lado, que a composição social da direção do Partido, nos primeiros anos de sua existência, não obedecia a um critério adequado: intelectuais de origem pequeno-burguesa, operários da pequena indústria, empregados no comércio, artesãos, com a agravante de uma quase absoluta impreparação teórica. Em tais condições, a atividade do Partido não podia deixar de ser o que foi, durante anos, caracterizando-se por uma permanente vacilação e por métodos de trabalho extremamente falhos. Era uma atividade empírica, descontínua, meramente praticista, espontaneísta e burocrática. Poder-se-ia talvez dizer que o Partido se desenvolvia e crescia, apesar de tudo, como uma força histórica necessariamente ligada ao próprio desenvolvimento objetivo da classe operária e suas lutas. E é um fato que em mais de uma ocasião o Partido permaneceu a reboque de tais lutas.

O Partido era constituído, na realidade, por pequenos grupos de agitação e propaganda, o que aliás permitia manter viva a ideia do Partido, fazendo sentir a sua presença e a sua palavra — e isto sem dúvida não se deve desprezar. Mas é claro que mesmo essa agitação e propaganda sofria, em seu conteúdo e em seus objetivos, da ausência de uma linha política, determinada e coerente. Essa era a regra, e daí o seu efeito o mais das vezes negativo e até contraproducente.

O Partido sempre baseou a sua atividade principalmente nos sindicatos operários, o que lhe permitia uma certa ligação com as massas. Mas ainda aqui padecia o nosso trabalho os efeitos da ausência de uma linha política que não só correspondesse às necessidades imediatas da luta sindical mas exprimisse uma orientação concorde com os interesses gerais da classe operária e da revolução brasileira. Nossa atividade sindical se perdia, também, entre o verbalismo sectário, "esquerdista", e o oportunismo economista puro e simples.

Nossas ligações com as grandes massas, mesmo nos centros operários de maior densidade, eram em geral muito precárias, e é claro que isto, se resultava de toda uma série de profundas incompreensões, ia por sua vez refletir-se de maneira desastrosa em todo o trabalho político da direção.

Não seria razoável dizer-se que a direção do Partido, durante o período que estou considerando aqui, não realizou nenhuma tarefa positiva, que contribuísse de alguma forma para o fortalecimento do Partido. Mas não é meu propósito aqui fazer história, com a exposição e análise dos acertos e desacertos que se verificaram no período em questão. Estou apenas fazendo algumas observações autocríticas que possam servir para a história do Partido e que possam aproveitar, nesse sentido, à preparação do IV Congresso. Limito-me, pois, necessariamente, a acentuar e caracterizar alguns dos mais graves de tais desacertos, como os entendo hoje, no esforço que realizo para compreendê-los.

Chego então à conclusão, que me parece justa e a que me referi no artigo anterior[1]: que nossa grande debilidade na direção do Partido resultava principalmente de insuficiência de natureza ideológica e teórica, sobretudo na questão fundamental relativa ao caráter da revolução brasileira.

A direção do Partido, pelos motivos que apontei (e ainda outros, que talvez me escapem ou me pareçam de menor importância), não possuía capacitação bastante para proceder, do ponto de vista marxista, a uma análise, mesmo elementar, da realidade histórica brasileira. Não possuíamos um conhecimento sequer aproximado da verdadeira situação do país no concernente à sua estrutura econômica e política, às forças sociais em presença, à natureza e ao conteúdo das lutas de classe em seus diversos setores, etc. Víamos e encarávamos os acontecimentos de maneira superficial, por assim dizer — impressionista, sem nenhuma compreensão dialética da sua verdadeira significação. Não podíamos perceber o que realmente se passava em torno de nós, nem podíamos,

---

[1] Eis o trecho da referência: "Pretendo abordar, a seguir, a questão que me parece encontrar-se na base de todos os nossos erros, debilidades e vacilações na direção do Partido, durante o período de 1922 a 1930 — a questão do caráter da revolução brasileira. A incompreensão teórica desta questão é que nos levou não apenas a desvios de esquerda ou de direita na aplicação de uma linha política que expressasse com alguma coerência a estratégia e a tática do Partido. A realidade é que toda a nossa atividade — sem dúvida alguma sincera, devotada ao Partido e à classe operária, assinalada não raro por duros sacrifícios pessoais — se desenvolvia caoticamente, sem rumo certo e sem firmeza. Era uma atividade empírica, meramente praticista, espontaneísta, imediata.
Nossa grande debilidade era fundamentalmente uma debilidade de natureza ideológica e teórica.
Veremos isso em próximo artigo". — Trecho final de artigo do autor, publicado na "Tribuna do IV Congresso", suplemento da *Voz Operária* de 19 de abril de 1954, ao qual se seguiu o artigo reproduzido aqui.

portanto, imprimir à atividade do Partido uma orientação acertada, clara, firme e consequente.

Não compreendíamos sequer o sentido exato da verdade segundo a qual sem teoria revolucionária não pode haver ação revolucionária. Teoria revolucionária significava, para nós, aplicar — mecanicamente, livrescamente — a linha política e a experiência revolucionária de outros povos.

Creio, por fim, que podemos resumir tudo em poucas palavras, dizendo que estávamos sujeitos, em consequência, a uma permanente oscilação entre o verbalismo "revolucionário" de esquerda e o oportunismo de direita na prática.

(1954)

Capa da revista *Movimento Communista*, que circulou entre janeiro de 1922 e junho de 1923, primeira publicação periódica declaradamente comunista no Brasil.

CRÍTICA QUE NÃO ESCLARECE

Em seu artigo "39 anos de lutas e sacrifícios", publicado neste jornal[1], a semana passada, o camarada Álvaro Soares Ventura escreveu o seguinte, referindo-se à posição dos comunistas brasileiros em face das lutas políticas e insurreições de 22, 24 e 30:

> A vitória não foi obtida e para isso contribuíram as direções do PCB, com suas indecisões. Não conclamando os trabalhadores e o povo a participarem naquelas jornadas, provocou o arrefecimento da luta entre os trabalhadores e o povo. Argumentavam com os trabalhadores, afirmando que esses movimentos levavam a mudar os instrumentos, mas que os músicos eram da mesma banda. Não organizavam nada e nem capitalizavam as experiências para utilizá-las nas lutas futuras.

A opinião expendida pelo camarada Álvaro Soares Ventura não corresponde inteiramente à verdade histórica. Sua crítica às posições comunistas em 22, 24 e 30 é admissível até certo ponto, mas a forma esquemática e simplista em que está exposta não contribui para esclarecer o assunto. E é óbvio que só será possível esclarecê-lo mediante exame aprofundado e documentado das circunstâncias concretas que condicionaram o surgimento e o desenvolvimento do Partido durante a década de 1920 a 1930. É óbvio, igualmente, que a crítica que não esclarece resulta em pura perda, falhando ao seu próprio objetivo político, que é o de ajudar e fortalecer o Partido.

Segundo a opinião do camarada Álvaro Soares Ventura, os comunistas brasileiros nada fizeram, não organizaram nada, durante aqueles anos,

---

[1] Ver *Novos Rumos* de 14 de abril de 1961.

nem sequer buscaram capitalizar as experiências que as lutas políticas de então lhes haviam proporcionado. Ora, se isso fosse verdade, o Partido teria desaparecido, ingloriamente, e teria sido necessário fundar outro, depois de 1930. Mas a realidade é que o Partido, com todas as suas debilidades, viveu, desenvolveu-se, cresceu, e se não fosse assim não estaríamos agora festejando os "39" anos de sua existência.

Permitam-me relembrar alguns fatos comprobatórios dessa realidade:

O Partido publicou 24 números seguidos da revista *Movimento Comunista*. Enviou um delegado ao IV Congresso da Internacional Comunista, em fins de 1922, desta sorte incorporando-se ao movimento comunista internacional. Além de outras publicações menores, publicou em 1924 o *Manifesto Comunista* de Marx e Engels — primeira edição brasileira em forma de livro. Durante mais de um ano, 23 e 24, fez publicar abundante material de propaganda e educação marxista na página sindical de um grande jornal diário, *O País*. Orientou a publicação de vários periódicos sindicais no Rio, São Paulo, Santos, Porto Alegre, Recife, etc. Realizou o II Congresso do Partido, em maio de 1925, adotando então a forma de organização por células de empresa e de residência. Fundou a Juventude Comunista. Fundou o semanário de massa, *A Classe Operária*, que em 1929 chegou a tirar 30 mil exemplares. Lançou um jornal diário, *A Nação*, em 1927. Organizou e dirigiu o Congresso Sindical de 1927. Organizou e dirigiu o Bloco Operário e Camponês, obtendo considerável vitória eleitoral em 1927 e 1928. Realizou o III Congresso do Partido em fins de 1928 e começos de 1929, e aí já era possível avaliar como o Partido crescia e se desenvolvia, apesar de todos os fatores objetivos e subjetivos desfavoráveis. Recordemos ainda a luta ideológica, que o Partido sustentou, com êxito, desde sua fundação, contra as concepções anarquistas cuja influência era dominante em grande parte dos sindicatos operários.

Tudo isso é nada?

Se examinarmos atentamente os documentos relativos à atividade do Partido na década de 1920 — e ainda depois — concluiremos sem grande esforço que os erros e deficiências de suas direções resultavam principalmente de uma debilidade geral de ordem teórica. Dessa debilidade básica derivaram os erros e as vacilações da linha política do Partido. Junte-se a isso, e em consequência disso, uma falsa apreciação da realidade nacional — e aí encontraremos a raiz dos dogmatismos e sectarismos em nossas concepções acerca do caráter da revolução brasileira. Colocadas as coisas nesses justos termos é que poderemos melhor compreender e, portanto, caracterizar devidamente a fonte dos erros e vacilações que dominaram a linha política do Partido durante o período incriminado pelo camarada Ventura.

Astrojildo caminha nas ruas de São Paulo, em 1931.
Arquivo ASMOB/IAP/CEDEM.

Apêndice

A REVOLUÇÃO RUSSA E A IMPRENSA

Explicação

As páginas que formam este folheto foram escritas em dias espaçados, no interregno de tempo contado de 25 de novembro do ano findo até 4 de fevereiro último.

Algumas delas foram enviadas, em forma de cartas, aos jornais rebatendo injúrias ou deslindando confusões. Reunidas e coordenadas nesta brochura, creio valerão como um documento e um protesto mais duradouro contra as calúnias e imbecilidades de que se tem servido a nossa imprensa nas apreciações sobre a obra dos maximalistas russos...

A Revolução Russa e a imprensa carioca

Jamais, jamais se viu na imprensa do Rio tão comovedora unanimidade de vistas e de palavras, como, neste instante[1], a respeito da Revolução Russa. Infelizmente, tão comovedora quanto deplorável, essa unanimidade, toda afinada pelas mesmíssimas cordas da ignorância, da mentira e da calúnia. Saudada quando rebentou e deu por terra com o czarismo dominante, a Revolução Russa é hoje objeto das maldições da nossa imprensa, que nela só vê fantasmas de espionagem alemã, bicho perigoso de

---

[1] Esse comentário foi escrito a 25 de novembro de 1917. Depois disso, como se tem visto, a opinião, pelo menos de alguns jornais, tem se modificado muito.

não sei quantos milhões de cabeças e de garras. Provavelmente os nossos jornais desejariam que se constituísse, na Rússia, sobre as ruínas do Império, uma flamante democracia de bacharéis e de negociantes, como a que tem por presidente o sr. Wilson, ou como esta nossa, presidida pela sabedoria inconfundível do sr. Venceslau. A caída do nosso Império e a implantação desta nossa República, sem gota de sangue, com uma simples e vistosa procissão, parece ter-se tornado, aos olhos de nossos jornalistas, o padrão irrevogável pelo qual se devem guiar as revoluções antidinásticas que se forem efetuando pelo mundo. Como a Revolução Russa, ao contrário disso, tem tomado um caráter profundo, de verdadeira revolução, isto é, de transformação violenta e radical de sistemas, de métodos e de organismos sociais, levada para diante aos empuxões, pelo povo, pela massa popular — eis que os nossos jornais desabam sobre ela, de rijo, toda a fúria da sua indignação democrática e republicana. É que os nossos jornais partem de um ponto de vista errado, supondo que o povo russo tem a mesma mentalidade do povo brasileiro de 1889, que assistiu, "bestializado", à proclamação, por equívoco, desta bela choldra que nos desgoverna. Não; o povo russo é um povo de memoráveis tradições revolucionárias, cuja mentalidade, formada através das mais ásperas e mais empolgantes batalhas libertárias destes últimos cem anos, não pode satisfazer-se com o regime falsamente democrático da plutocracia, regime de espoliação em nome da igualdade perante a lei, de embuste e burla eleitoral e de parlamentarismo oco, palavreiro, desmoralizado, safadíssimo...

Já em 1869, há quase meio século, escrevia Bakunin, um dos grandes precursores da atual revolução, e que se achava então na Suíça, exilado:

> Eles [os revolucionários russos] querem nem mais nem menos que a dissolução do monstruoso Império de todas as Rússias, que, durante séculos, esmaga com seu peso a vida popular, não conseguindo, porém, extingui-la de todo. Eles querem uma revolução social tal que a imaginação do Ocidente, moderada pela civilização, apenas consegue pressentir. [...] Um pouco mais de tempo... e então — então ver-se-á uma revolução que sem matéria de dúvida ultrapassará tudo quanto se conhece até aqui em matéria de revoluções.[2]

---

[2] Mikhail Bakunin, *Oeuvres* (Paris, Stock, 1900), p. 58-9.

Agentes alemães

Uma das teclas mais batidas pelas ilustríssimas gazetas do Rio, quando se referem à Revolução Russa, é a de que os bolcheviques em geral e Lênin em particular são agentes do governo alemão. Ora, há em tudo isso, a par do evidente contrassenso, um crasso desconhecimento dos fatos.

Lênin é um velho socialista militante de mais de vinte anos, e como tal, ferozmente perseguido pela autocracia moscovita, mas sempre o mesmo homem de caráter indomável e intransigente[3].

Como pode, pois, entrar nos cascos de alguém que um homem destes, precisamente quando vê seus caros ideais em marcha, a concretizar-se, numa soberba floração de energia vital, vá vender-se a um governo estrangeiro? Lênin, se quisesse vender-se algum dia, bastava esboçar o mais leve sinal e o governo de São Petersburgo rechear-lhe-ia os bolsos fartamente, vencendo pelo dinheiro o inimigo implacável. Não precisava esperar, através de anos inteiros de perseguições e sofrimentos, que a revolução social dos seus sonhos se iniciasse para entregar-se ao marco prussiano, como um vulgaríssimo trampolineiro, como um jornalista qualquer, destes que abundam na imprensa desta terra. Os cascos do mais espesso jumento repelirão, por demasiada, tal sandice... Aos nossos jornalistas, a honra de a fecundarem! — E grande honra, essa, que a revolução, ao extravasar os

---

[3] *A Luta*, jornal burguês de Lisboa, estampou os seguintes dados biográficos sobre Lênin: "A autocracia, talvez, por instinto, descobriu um 'inimigo terrível' na pessoa de Lênin, quando ele não contava mais de dezessete anos de idade. Expulsou-o em 1867 (?) da Universidade de Kazan, com privação do direito de admissão em qualquer outra universidade pelo motivo de seu irmão ter sido executado como criminoso político. Lênin — cujo verdadeiro nome é Ulianov — consagrou-se muito cedo ao estudo do desenvolvimento econômico da Rússia, e muito jovem ainda, tornou-se um perigoso discípulo de Karl Marx. Escreveu muitos folhetos e livros; mas a sua principal obra é um grosso volume intitulado *A evolução do capitalismo na Rússia*, editado em 1881 com o pseudônimo de V. Iline, trabalho sobretudo acadêmico, cheio de números, todo ele apoiado em estatísticas. Mas a atividade de Lênin não se limitou à de economista sábio, e, atraído pelo movimento revolucionário, condenam-no a quatro anos de deportação na Sibéria. De regresso destas paragens, passou ao estrangeiro e fez-se chefe ativo da social-democracia russa". (Transcrito pelo *O Cosmopolita*, n. 15, 15 ago. 1917)

oceanos e ao vir sacudir-nos da bestialização republicana, saberia, decerto, regiamente e merecidamente recompensar...

Inconveniências e imbecilidades

Interessantíssimo, o artigo estampado há dias em *O Imparcial*[4] sobre a situação russa. Notório e acérrimo defensor da "ordem social", *O Imparcial* serve, assim, valentemente, à causa do Estado, de que é um dos esteios e na qual tem empregados sérios interesses. E tanto mais valentemente quanto é certo que, brigando contra os fermentadores de revolta, briga também contra a lógica e contra a verdade dos fatos. Exemplo flagrante disso é o trecho seguinte do citado artigo:

> A Rússia era uma nação governada pelo Knut. Sacudido o jugo dos Romanov, entregou-se à *embriaguez da emancipação*, com todos os seus excessos. Falta-lhe cultura moral necessária para *disciplinar a liberdade sob autoridade,* e para compreender que um governo acatado e leis obedecidas são condições indispensáveis à existência de uma nação livre. O *espírito militar extinguiu-se no Exército,* destruindo-lhe a força de agressão, e até o estímulo de resistência.

Eu sublinho as palavras que me parecem mais comprometedoras...

Acho estupendo que se julgue a *emancipação* capaz de causar *embriaguez*. Isso é querer compará-la ao álcool, ao vinho, à vodca, que embriagam os *viciados* (permanentes ou momentâneos, pouco importa), isto é, os *escravos* da bebida. Ora, um *escravo,* se me não engano, é tudo quanto há no mundo de menos *emancipado*. Não, a *emancipação* não pode jamais *embriagar*. Ela é água límpida, *refrigente*, saudabilíssima...

Não menos estupendo acho eu o conceito de *disciplinar sob a autoridade*. Essa é a linguagem de todos os tempos, isto é, dos grandes inimigos da liberdade. Liberdade disciplinada é liberdade limitada, coartada,

---

[4] *O Imparcial,* n. 11, nov. 1918. Este comentário, escrito a 18, foi enviado, em forma de carta, a *O Imparcial*. Naturalmente, a ilustre redação jogou-o na cesta dos papéis inúteis.

imposta — de onde resulta deixar de ser liberdade. E não falemos em liberdade sob a direção da autoridade... A autoridade, por sua origem, por sua função essencial e formal, por seu papel histórico, representa precisamente e concretamente o princípio oposto ao princípio de liberdade. Pode dizer-se que a autoridade e a liberdade são dois antípodas da história da humanidade. Essa mesma história prova-o abundantemente: toda e qualquer conquista da liberdade implica necessariamente diminuição de autoridade. A autoridade é força manejada pelo arbítrio de alguns; é violência, compressão, é brutalidade, é imposição tudo quanto há de menos *liberdade.*

O espírito militar extinguiu-se no Exército russo... — é verdade, e felizmente, muito felizmente. Eu sou antimilitarista e alegro-me imensamente com tão auspicioso acontecimento. E desejo ardentemente que o mesmo aconteça na França, na Inglaterra, na Itália, na Alemanha, nos Estados Unidos, no Brasil... no mundo todo. O que, porém, não posso compreender, por mais esforço que faça, é que O Imparcial, que combate o *espírito militar* existente no povo alemão, como um perigo universal, entenda que o desaparecimento desse espírito militar, na Rússia, constitui um mal. De duas uma: ou o *espírito militar* (ou militarismo, que tudo é um) é um bem, ou é um mal. Se é um mal (como afirmam os aliados referindo-se à Alemanha), o seu desaparecimento, ou a sua não existência, num país qualquer (como é o caso da Rússia, segundo afirma *O Imparcial)* constitui um motivo de felicidade inestimável, e deve, assim, ser louvado por toda a gente amiga da humanidade e da liberdade. Se, ao contrário, o *espírito militar* é um bem, ele deve ser louvado, claro está — mas deve ser louvado também na Alemanha, que, incontestavelmente, é a pátria mestra em militarismo, mestra cujos exemplos devem ser seguidos por quantos entendam que o *espírito militar* é um bem. Combater o militarismo tedesco e, ao mesmo tempo, louvar e incitar (o que têm feito os aliados, inclusive agora o Brasil por nossa desgraça) o *espírito militar* no resto do mundo, eis uma incoerência que não posso compreender, por mais esforços que faça... Enfim, bem pode ser que eu seja o imbecil!

A divergência fundamental

"É evidente que a concepção dos maximalistas sobre a liquidação da guerra diverge muito da de Berlim e Viena." Eis o que afirmava a agência *Havas*, em telegrama de Paris, datado de 7 de dezembro último e aqui publicado, pelos jornais seus clientes, no dia seguinte. É uma informação absolutamente insuspeita, pois parte duma agência francesa oficiosa, cujos despachos são diretamente controlados pelo governo de França. Ora, se "é evidente" a divergência entre os maximalistas e os governantes de Berlim e Viena, a respeito da liquidação do conflito guerreiro, isso quer dizer, nem mais nem menos, que os maximalistas pensam e querem que a guerra termine dum modo diverso do modo que pensam e querem os governantes alemães e austríacos. Divergir é pensar e querer a mesma coisa de maneira diferente, e quando duas pessoas, ou grupos de pessoas, ou duas coletividades, têm firmado, sobre o mesmo assunto, um pensamento e uma vontade divergentes, isso significa que não existe acordo entre as duas partes. É o que se dá agora entre Berlim e Viena, dum lado, e Petrogrado, do outro; entre maximalistas e governantes tedescos não existe concordância de opinião sobre a guerra e a paz. Nem poderia jamais existir concordância entre uns e outros; os maximalistas socialistas revolucionários batendo-se por um programa máximo[5] de reivindicações populares — os imperantes austro-alemães, a personificação culminante da autoridade, da tirania, da opressão, da espoliação das massas populares. O programa essencial de todos os partidos socialistas consiste precisamente no combate dos instrumentos e aos partidos da tirania e da espoliação. Os maximalistas que formam uma fração dos socialistas russos são, por sua natureza, especificamente inimigos de todos os governos monárquicos e plutocráticos, da Rússia e de fora da Rússia, portanto inimigos naturais dos governantes de Berlim e de Viena. E é aí que resulta a divergência radical entre uns e outros, sobre a guerra e a paz. Ora, se isso é verdade,

---

[5] Jornais houve que tomavam os "maximalistas" como partidários de Máksim Górki. Para o bestunto de tais jornalistas, "maximalistas" só podia ser derivado de "Máksim"... Górki!

se isso constitui um fato evidente, como conceber que os maximalistas sejam agentes alemães, agindo por influxo do marco prussiano, traidores da pátria e outras coisas não menos feias[6]?

"Alteração" maximalista e "evolução" aliada...

"Petrogrado, 23 de dezembro [*Havas*] — Discursando nesta capital a respeito das negociações de paz com os impérios centrais, o sr. Trótski disse: 'A Revolução Russa não derrubou o czar para cair de joelhos ante o Kaiser, implorando paz. Se as condições oferecidas não forem conforme os princípios da revolução, o partido maximalista recusará assinar a paz. Fazemos guerra a todos os imperialismos.'" Como se vê, este telegrama, da mesma insuspeitíssima (no caso) agência, veio confirmar, com as próprias palavras de Trótski, os comentários que o telegrama do dia 7 me sugerira.

Na sua edição de 24 de dezembro, *A Noite*, desta cidade, assim se exprimia: "O programa de paz dos maximalistas, apresentado à conferência (de Brest-Litovski, inaugurada nesse dia), podia ser aceito, com pequenas alterações, por todos os países aliados. Nunca poderá ser aceito, porém, pelos Impérios Centrais, porque repousam sobre bases democráticas contrárias, em absoluto, ao imperialismo que domina Berlim e Viena". É outro testemunho insuspeitíssimo, contra conceitos próprios anteriormente expedidos e confirmando integralmente o que eu dissera nos comentários do dia 9...

Uma observação curiosíssima. Referindo-se às condições de paz expostas simultaneamente pelo sr. Lloyd George, no Congresso dos Sindicatos Operários Ingleses, e pelo sr. Wilson, na mensagem ao Congresso Americano, *O Imparcial* de 10 de janeiro último estampa, entre outras coisas do maior interesse, esta:

> Alguns órgãos da imprensa aliada, por um excesso de zelo que prejudica em vez de favorecer a causa comum, nos comentários bordados sobre essas sole-

---

[6] Esta nota foi escrita a 9 de dezembro e enviada a todos os jornais. Somente o *Jornal do Brasil* fez-me o favor de a publicar na íntegra, na sua edição de 22 de dezembro.

nes declarações, procuram mostrar que a *Entente* não modificou uma linha dos seus propósitos anteriores assentados sobre a guerra. Basta reler com atenção o discurso do primeiro-ministro inglês e a mensagem ao Congresso Americano, para ver que os aliados evoluíram nos seus programas.

Ao ver divulgado o programa de paz apresentado pelos maximalistas, *A Noite,* a 24 de dezembro, afirmava que tal programa "podia ser aceito, *com pequenas alterações,* por todos os países aliados". Realmente, três semanas depois, a Inglaterra e os Estados Unidos, e com eles os demais aliados, aderiram ao programa russo. Aderiram, é claro, com *alterações* — não *pequenas,* mas *grandes* — e *alterações da parte deles, aliados,* como confessa *O Imparcial,* quando diz, com deliciosa candura, que "os aliados *evoluíram* no seu programa"...

A mensagem de Wilson

A mensagem do presidente Wilson, aqui publicada no dia 9 de janeiro, é que veio entupir de vez as goelas dos miseráveis escribas de penas permanentemente votadas à calúnia. Eu não resisto ao desejo de transplantar para estas páginas os trechos da mensagem em que se toca nos russos e na conferência de Brest-Litovski. Vale a pena dar-lhes relevo:

> Os representantes da Rússia em Brest-Litovski apresentaram não só uma exposição perfeitamente definida e clara dos princípios sobre os quais eles estariam dispostos a concluir a paz, mas também um programa igualmente nítido e preciso sobre o modo concreto desses princípios poderem ser aplicados. As negociações foram quebradas. Os representantes da Rússia eram sinceros e como tais não podiam seriamente dar incremento. [...]
> Os representantes russos têm insistido, muito justa e sabiamente e dentro do espírito da moderna democracia, em que as conferências que eles têm celebrado com os estadistas teutônicos e turcos deviam ser celebradas a portas abertas, tendo por auditório todo o mundo, como se desejava. [...]
> Há, além disso, uma voz a reclamar essas definições de princípios e propósitos que, em minha opinião, é mais comovente e intimativa do que qualquer

das muitas vozes tocantes que povoam o ambiente do mundo. É a voz do povo russo. [...] Ele não cede nem nos princípios nem na ação. A sua concepção do que é justo, do que é humano, do que é honroso aceitar, já foi exposta com uma franqueza, uma largueza de vistas, uma generosidade de espírito, uma universal simpatia humana que há de provocar a admiração de todos os amigos da humanidade. Tem ele recusado transigir nos seus ideais, ou abandoná-los para garantir a sua própria segurança.

Depois disso, não há senão que subscrever e seguir as recomendações feitas pelo *Cosmopolita*[7] ao comentar estes mesmos trechos da mensagem de Wilson: "Tornando... às imbecilidades estampadas na imprensa carioca, só nos resta recomendar aos nossos amigos e camaradas esses senhores jornalistas dos rotativos: por enquanto o desprezo e o desdém... e mais tarde, na hora solene do grande e próximo ajuste de contas, então, sim — saibamos tirar proveito da rijeza combativa dos nossos músculos".

O desmembramento do colosso

Uma das consequências da Revolução Russa que mais assombro e indignação causam aos nossos jornalistas é a do desmembramento do ex-império. Eles põem as mãos na cabeça, desorientados, ao lerem os telegramas que noticiam a independência e autonomia da Finlândia, do Cáucaso, da Sibéria, da Ucrânia... E as apóstrofes de maldição desabam sobre os maximalistas, "monstros satânicos" e cruéis, provocadores da derrocada da própria pátria! Isto se tem dito e redito em vários tons, graves e agudos, descompassados todos... Ora, esses mesmíssimos jornalistas açambarcadores da opinião, cuja vacuidade mental e cuja barriga não são inferiores nem à barriga, nem à vacuidade mental dos açambarcadores de açúcar ou de charque, são esses mesmíssimos plumitivos superaliadófilos que proclamam, desde há três anos e meio, baterem-se os aliados pelo direito das nacionalidades, pelo princípio das nacionalidades, pela

---

[7] *Cosmopolita*, n. 15, 15 ago. 1917.

independência das nacionalidades! De duas uma: ou tais pregoeiros são insinceros, quando defendem a causa aliada da independência dos povos, ou então ignoram inteiramente a história, a constituição e a organização do ex-império de todas as Rússias. Isto é, pode ser por um terceiro motivo: a insinceridade e a ignorância juntas. Eu estou certo de que, mesmo quando se lhes prove, documentos na frente[8], que a Rússia de ontem era um heterogêneo de nacionalidades, eles continuarão, cegos e surdos às boas razões (mas de olhos arregalados e ouvidos aguçados ao tilintar dos esterlinos...), a apostrofar a "insensatez", a "loucura", a "infâmia", a "traição", e não sei mais que outros tremendos pecados dos maximalistas!

A "traição" dos aliados

Todos os tratados e convênios, secretos ou não, firmados pela Rússia e pelas nações da *Entente*, datam do governo autocrático do czar. Mas o governo autocrático do czar caiu, e debaixo de palmas dos aliados, pela vontade revolucionária do povo russo, num soberbo quebrar de cadeias tirânicas. A revolução, como se viu, de começo manietada pelos Lvovs, pelos Rodziankos, pelos Miliukovs, pelos Kerenskis, integrou-se finalmente nas mãos da plebe, tomando uma orientação verdadeiramente popular e libertária — antiguerrista, antiburguesa, antiautoritária. Nada mais lógico, nem mais justo, pois, que se declarem anulados todos os convênios e tratados anteriormente concluídos entre governantes da Rússia e os governantes de outras nações. O governo do czar era um governo de tirania, constituído fora da vontade, contra a vontade da massa da população, e por isso acabou sendo derrubado por essa massa: consequentemente, todos os atos, todos os contratos firmados no tempo do czar o foram pela vontade exclusiva da tirania dominante e contra a vontade do povo. Desde, pois, que a tirania foi vencida e o povo triunfou, aqueles

---

[8] Por exemplo: "Tenha-se em vista que a Rússia não é uma nação, mas um grupo de nações. Os seus cento e quarenta milhões de habitantes falam oitenta línguas diferentes". D. A. Bullard, *Vers la Russie Libre*, tradução francesa de Aristides Protele (Paris, 1908).

tais atos e contratos, conluios e entendimentos, por sua própria natureza, por seu próprio mal de origem ficaram desfeitos e anulados. É um ponto, este, deploravelmente olvidado pela imprensa, quando se refere, furiosa, à "traição ignóbil e abominável" feita pelos comissários do povo russo aos aliados... Aos governantes aliados, entenda-se!

As utopias deliciosas e alegres...

Foi de fato a Revolução Russa, com todos os seus trágicos sucessos, o acontecimento que mudou a face das coisas, começando a tornar possíveis programas, transformações sociais, movimentos de independência política e sistemas de governos que já nos primeiros meses da guerra continuavam a ser considerados como utopias deliciosas e alegres.

Esqueciam-se os que assim pensavam que, igualmente como utopias consideradas foram, no seu início, todas as grandes conquistas da humanidade e da civilização.

Estas palavras — *mirabile dictu* — são rigorosamente transcritas de *O País,* da apreciação com que o famigerado órgão encabeçava as notícias de revolução na Áustria[9]. Apenas o redator de *O País* devia ter escrito: "esquecíamos, os que assim pensávamos"... menos esta restrição, aliás secundária, não há como louvar a agudeza de vistas e a rara franqueza do comentador. Porque tais conceitos destoam completamente dos em geral expendidos pela imprensa, quando nos chegam notícias de realização e concretização das antigas utopias socialistas e anarquistas... Antes da guerra, toda a imprensa graúda, e com ela seus sacerdotes maiores e

---

[9] *O País*, n. 25, jan. — já escrito este comentário, publicou *O Imparcial* (n. 2, fev.) um artigo de fundo, "O Mundo Marcha", em que há afirmações destas: "As notícias que nos chegam da Europa denunciam, no domínio das ideias (e principalmente dos fatos, digo eu), uma revolução como nunca se verificou na história da humanidade"... "atualmente é a vontade dos povos que começa a prevalecer contra os planos de seus dirigentes"... "Na vasta Rússia, o trabalhador é já senhor absoluto"... Dum modo geral, a atitude da imprensa tem mudado muito, de novembro para cá, e essa mudança acentua-se dia a dia, num sentido vai não vai favorável à revolução, desdizendo-se das crispantes imbecilidades e maldades anteriores... Que remédio!

menores e mais os seus devotos, riam-se (às vezes, choravam também), com um superior e piedoso desdém, das ideias e dos ideais dos utopistas, dos sonhadores, dos visionários, dos aluarados, dos quimeristas... E quando não era o riso escarninho, sabemo-lo todos, substituía-o a pancadaria grossa das calúnias, das infâmias, dos insultos, dos doestos, das ameaças. Rebentada a guerra, o riso se estendeu abertamente até a gargalhada estrondosa: foram dados como falidos de vez, e sem mais remédio, o socialismo, o anarquismo, o internacionalismo, o antimilitarismo... Debalde os anarquistas e só os anarquistas (porque os próprios socialistas, com pouquíssimas exceções, e até mesmo alguns anarquistas, aderiram todos mais ou menos à guerra e ao Estado), gritaram e afirmaram a integridade de suas convicções e das suas esperanças; os apodos recrudesceram, e com os apodos sabicholas da letra de forma, a perseguição, a cadeia, a morte... A guerra, porém, levada a excessos inauditos, acabou por provocar a Revolução Russa, revolução social e não apenas política e antidinástica, que fatalmente se estenderá pelo mundo inteiro, arrasando tudo, transformando tudo, reconstruindo tudo sobre bases novas. Pois bem: neste momento, quando nos chegam da Rússia notícias de caráter libertário, de socialização da propriedade, de entrega de terras aos lavradores e das fábricas aos operários, de administração da produção e do consumo diretamente feita pelo proletariado de blusa e de farda, quando, numa palavra, se *realizam* e se *concretizam* as "utopias deliciosas e alegres", outrora perigosas ou bonitas, mas sempre absolutamente impraticáveis, saem-se os grandes jornalistas com os olhos a saltarem fora das órbitas, a falarem em "espantosas" transformações, em "loucuras" do populacho, em "bebedeiras" de liberdade!... Assim: antes da guerra, as nossas doutrinas eram muito "bonitas", mas irrealizáveis; ao declarar-se a guerra, estavam todas "falidas"; e agora, no começo da revolução social, quando vão tendo aplicação, são "espantosas" e "absurdas"... Não admira, pois, que a burguesia esteja irremediavelmente perdida: essa incapacidade intelectual dos seus mentores e publicistas vale por um sintoma grave e definitivo.

Os escribas da razão

De todos os jornais cariocas e, com certeza, de todos os jornais do mundo, aquele que mais danada e azeda bílis tem expectorado contra os maximalistas é, sem dúvida, *A Razão*. Dirigido por um energúmeno cômico e notório, profeta e papa espírita, semilouco e pouco menos que analfabeto, esse jornal tem, no entanto e apesar disso, uma tal ou qual popularidade, ganha com campanhas simpáticas. A sua fobia antimaximalista é duplamente odiosa: em si mesma e pelo fato de se espalhar principalmente pela massa proletária, ludibriando-a. Compreendo e até alegro-me com as injúrias, por exemplo, do *Jornal do Comércio*: está no papel de sua falsa posição conservadora. *A Razão*, porém, se apregoa como um órgão para o povo, para as classes operárias; mente e remente dobrado, por dentro e por fora, para a direita e para a esquerda... Eu quero reproduzir, para escarmento dos escribas que a redigem, um dos seus muitos tópicos contra o maximalismo:

> Porque os tais maximalistas não são apenas uns loucos, incapazes de compreender a profunda inconveniência de, em uma hora como esta, provocar agitações políticas internas[10]. São também uns notáveis canalhas, apontados universalmente como agentes alemães e que, além disso, querem suprimir o direito de propriedade[11] na Rússia, entregando todas as terras à plebe inconsciente[12] que, levada por essa miragem de ficar rica em poucas horas[13], esquece os altos deveres de defender a Pátria, já invadida e em parte dominada pelo estrangeiro. Esses infelizes são dirigidos e guiados por um monstro da ordem de Lênin que se prestou ao papel ignóbil de abrir as portas da Rússia ao mais

---

[10] Os socialistas e anarquistas estão fartíssimos de saber que a verdade histórica mostra precisamente o contrário. Já em 1870, há meio século, Bakunin escrevia isto: "A história nos prova que jamais as nações se sentiram tão poderosas no exterior como nos momentos de mais profundas agitações e perturbações no interior".

[11] Ecco!... O que os capitalistas proprietários de *A Razão* não podem admitir é a supressão do sagrado direito de propriedade... Naturalmente!

[12] Que a plebe agradeça a amabilidade e tome nota, para quando tiver de dar o troco, no dia do ajuste de contas...

[13] Que profunda concepção sociológica!

perigoso de todos os imperialismos, o que tem por centro-motor a casta dominante na Rússia[14] militar. Alimentados pelo dinheiro alemão, conduzidos por espiões e pangermanistas de Berlim, os maximalistas, conseguindo por um golpe feliz da fortuna apoderar-se da Rússia[15], não trepidaram ante o crime, ante a infâmia descomunal de propor imediatamente a paz[16] em separado à Alemanha, traindo de modo revoltante os aliados, aos quais jurara o colosso moscovita[17] só agir de concerto com as nações da *Entente*.

Este chorrilho ignominioso de mentiras, de intrigas, de calúnias, foi estampado na seção editorial *Fatos* e *Informações* do dia 16 de novembro de 1917, nove dias depois da caída de Kerenski. É um documento que merece registro e de que nos devemos recordar para as necessárias satisfações, no dia em que a revolução, atravessando o oceano, irrompa justiceira por estas riquíssimas terras brasílicas de miseráveis e famintos...

Durante o tempo de composição deste folheto, graves acontecimentos irromperam na Rússia, acarretando maiores complicações à revolução. A

---

[14] Isso não tem sentido. O escriba queria naturalmente dizer Alemanha e saiu Rússia... Estaria bêbedo?

[15] Os maximalistas não se apoderaram de Rússia nenhuma. Eles são a grande maioria do povo russo, único senhor verdadeiro e natural da Rússia. Kerenski e o seu bando é que se tinham apoderado indevidamente da Rússia: o que os maximalistas fizeram foi nem mais nem menos que os "desapoderar"... E o fizeram muito bem-feito.

[16] Eis o resultado da infâmia: a Alemanha e a Áustria desmanteladas pela revolução interna, provocada e incentivada pelos maximalistas. É necessário frisar bem isto; em três anos e meio, os aliados, com prosápias e fanfarronadas paroleiras, nada mais conseguiram senão reforçar cada vez mais o poder do kaiserismo. Claro: à voz de "esmagar a Alemanha", todo o povo alemão cerrava fileiras em torno do governo, fazendo-o mais forte do que nunca. Os maximalistas, em duas semanas, com suas propostas de paz e a sua propaganda revolucionária, abriram brecha na muralha militarista germânica, semearam a discórdia interna nos impérios centrais, provocaram a revolução. Jamais esteve tão abalado e tão fraco o poder do Kaiser, como depois que os maximalistas lhe propuseram a paz... Esses são os fatos positivos e concretos, que podem escapar às vistas curtas do foliculário de *A Razão*, mas aí estão na consciência de todos, comprovadíssimos.

[17] O "colosso moscovita" que jurou fidelidade aos aliados foi o "colosso" dominado e manietado por Nicolau II e depois por Kerenski, não o "colosso" liberto de agora. Este nada tem que ver com os contratos firmados pelos déspotas que o imprimiam.

imprensa burguesa, que já se abrandava covardemente ante a força incontestável dos maximalistas, redobrou agora de violência e brutalidade, chegando a regozijar-se com a invasão alemã, taxando-a de "merecido castigo" e aos "traidores", etc. Mas enganam-se, redondamente, os magnatas da imprensa, supondo que a Revolução Russa é um motim qualquer, que se esmaga assim de uma hora para outra... A Revolução Russa marca o início da maior revolução social da história, e o militarismo alemão, invencível pelo militarismo aliado, há de por fim baquear, minado, inacreditavelmente pela força de desagregação revolucionária.

Não será talvez daqui a duas semanas: mas é inevitável: os estados atuais, e com eles o Estado alemão, modelo deles, não poderão jamais reconstituir-se, após este formidável desequilíbrio de valores produzidos pela guerra...

12 de março.

Alex Pavel (Astrojildo Pereira) — Rio, 1918

Primeira página do jornal *A Época*, do Rio de Janeiro, contendo o noticiário da greve de 18 de novembro de 1918.

Folheto contendo os primeiros estatutos do Partido Comunista (seção brasileira da Internacional Comunista), impresso em 1922.

Sobrado na Praça da República, esquina da rua da Constituição, no Rio de Janeiro, onde se instalou a direção do PCB em março de 1922. Foi fechado pela polícia após a decretação do estado de sítio em 5 de julho de 1922. Nesse mesmo local viria a instalar-se, em 1928, a sede do Bloco Operário-Camponês.

Casa da rua Visconde do Rio Branco número 651, em Niterói, onde se reuniu a 3ª sessão do I Congresso do Partido Comunista do Brasil, em 27 de março de 1922.

Reprodução da página 33 da edição de 10 de maio da *Revista da Semana*. Pode-se ver fotos da manifestação de 1º de maio de 1924 (promovida pela Federação dos Trabalhadores) na praça Mauá, Rio de Janeiro.

Congresso operário na sede do Sindicato dos Trabalhadores em Transportes Terrestres no Rio de Janeiro, em abril de 1927.

Manifestantes no comício do 1º de maio de 1927 realizado na Praça Mauá, Rio de Janeiro.

Foto da manifestação de 1º de maio de 1927 publicada no jornal *A Nação*.

Comício de 1º de maio de 1927 na praça Mauá, Rio de Janeiro. Nesse ato, um dirigente comunista falou pela primeira vez em público em nome da organização. A fotografia reproduz o momento exato em que a massa repetia "Viva o Partido Comunista do Brasil!", frase com a qual o orador terminou o seu discurso. Astrojildo está no centro, com o chapéu na mão.

Na manifestação do 1º de Maio de 1927, na Praça Mauá, Astrojildo apresenta as lutas do PCB.

Capa do jornal *A Manhã* de 1º de maio de 1927 convocando os operários para o comício da praça Mauá, Rio de Janeiro.

Delegados ao III Congresso do PCB entre fins de dezembro de 1928 e início de janeiro de 1929, em Niterói, Rio de Janeiro. Arquivo Público do Estado de São Paulo (APESP).

Primeira página do *A Classe Operária* de 1º de maio de 1929, com a convocação para as manifestações do dia do trabalho.

Tribuna Popular noticia reingresso de Astrojildo no PCB, em julho de 1945.

Candidato a vereador pelo PCB, em 1947.

SOBRE O AUTOR

Astrojildo Pereira Duarte Silva nasceu em Rio Bonito, no estado do Rio de Janeiro, no dia 8 de outubro de 1890. Filho de uma família de comerciantes e políticos locais, fez seus primeiros estudos no tradicional Colégio Anchieta, em Nova Friburgo, e no Colégio Abílio, em Niterói. Cultivou desde a juventude interesse pela literatura e especialmente por Machado de Assis (1839-1908). Em 1908, sabendo da gravidade do estado de saúde do Bruxo do Cosme Velho, o visitou em seu leito de morte. O encontro foi imortalizado pelo texto de Euclides da Cunha (1866-1909) "A última visita". No mesmo ano, Astrojildo abandonou a educação formal e assumiu-se ateu, antimilitarista, republicano e democrata radical. Participou, em 1910, da campanha civilista do presidenciável Rui Barbosa, enquanto trabalhava como tipógrafo na capital da República.

Desiludiu-se rapidamente com o projeto liberal radical e em 1911 fez uma viagem à Europa ocidental, onde travou contato com os ideais anarquistas. Retornou ao Rio de Janeiro convencido de que deveria se engajar nas lutas operárias. Nos anos seguintes, esteve plenamente vinculado ao movimento anarquista, escrevendo para jornais como *A Voz do Trabalhador, Guerra Social, Spártacus, Germinal* e *O Cosmopolita*. Contribuiu também para a construção do II Congresso Operário Brasileiro, realizado em 1913, e da Central Operária Brasileira (COB). A partir de 1917, tomou parte nas greves gerais que agitaram diversas capitais brasileiras. Escreveu em 1918 um panfleto para defender a Revolução Russa intitulado "A Revolução Russa e a imprensa", utilizando o pseudônimo Alex Pavel[1].

Entre 1919 e 1921, afastou-se do anarquismo e aproximou-se dos ideais comunistas, fascinado com a Revolução Russa. Estava plenamente convencido de que deveria criar um partido comunista no Brasil. Organizou e viabilizou a realização do congresso de fundação do Partido Comunista do Brasil (PCB) em março de 1922. Após a desistência de um companheiro de legenda, assumiu a posição de secretário-geral. Ao longo dos anos 1920, foi uma das principais lideranças do partido, juntamente com Octávio Brandão, Paulo de Lacerda e outros. Fez repetidas viagens à União das Repúblicas Socialistas Soviéticas (URSS) naquela década. Em 1927, foi para a Bolívia encontrar-se com Luiz Carlos Prestes (1898-1990), buscando trazer o tenente para o partido. Começou a ter sua liderança questionada em 1929, sendo expulso do partido no ano seguinte.

Casou-se com Inês Dias no princípio dos anos 1930, ao mesmo tempo que se engajava na luta contra o Integralismo. Publicou o seu primeiro livro, *URSS Itália Brasil*, no fim de 1935. Nessa obra, reuniu uma série de textos, lançados originalmente na imprensa entre 1929 e 1934, em que divulgara e defendera as ideias comunistas. Na segunda metade da década, permaneceu afastado da política. Sobreviveu como vendedor de bananas e concentrou-se nos seus estudos literários sobre Machado de Assis, Lima Barreto (1881-1922) e outros autores. Essas investigações resultaram em seu segundo livro, *Interpretações*, editado em 1944.

Prestigiado como crítico literário após a publicação de *Interpretações*, participou do I Congresso Brasileiro de Escritores em janeiro de 1945 como representante do Rio de Janeiro. O evento exigiu a retomada das liberdades democráticas no país, ao questionar a ditadura do Estado Novo (1937-1945). Com a legalização do Partido Comunista em maio de 1945,

---

[1] Publicado neste livro como apêndice (São Paulo/Brasília, Boitempo/Fundação Astrojildo Pereira, 2022).

Astrojildo solicitou o seu retorno à legenda. Foi aceito com a imposição de uma humilhante autocrítica pública. Retomou suas atividades políticas a partir desse ano. Em 1946, esteve presente na III Conferência Nacional do PCB, sendo indicado como membro suplente do Comitê Central. Candidatou-se sem sucesso a vereador pela capital carioca em 1947. Coordenou a revista *Literatura* entre 1946 e 1948 e escreveu regularmente para jornais comunistas como *A Classe Operária* e *Voz Operária*.

Na década de 1950, não ocupou nenhum cargo no Comitê Central, nem mesmo na suplência. Atuou no setor cultural, colaborando na imprensa. Coordenou de 1958 a 1964 a revista *Estudos Sociais*, publicação que ajudou a formar importantes intelectuais, como Carlos Nelson Coutinho (1943-2012) e Leandro Konder (1936-2014). Em 1959, lançou seu terceiro livro, *Machado de Assis*, reunindo seus principais escritos sobre o fundador da Academia Brasileira de Letras (ABL).

Em 1962, publicou *Formação do PCB*. Escrita para as comemorações dos quarenta anos da fundação do partido, a obra reconstitui historicamente o processo de criação da legenda. No ano seguinte, lançou seu último livro, *Crítica impura*, com textos de crítica literária. Foi preso em outubro de 1964, cerca de seis meses após o golpe militar. Permaneceu encarcerado até janeiro de 1965, período em que sua saúde debilitou-se profundamente. Faleceu em 10 de novembro de 1965, aos 75 anos.

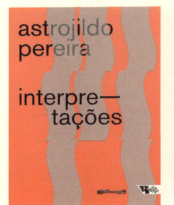
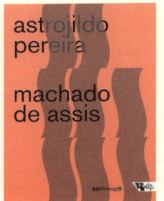

COLEÇÃO ASTROJILDO PEREIRA

Conselho editorial
Fernando Garcia de Faria, Ivana Jinkings,
Luccas Eduardo Maldonado e Martin Cezar Feijó

URSS Itália Brasil
Prefácio: Marly Vianna
Orelha: Dainis Karepovs

Interpretações
Prefácio: Flávio Aguiar
Orelha: Pedro Meira Monteiro
Anexos: Nelson Werneck Sodré e
Florestan Fernandes

Machado de Assis
Prefácio: José Paulo Netto
Orelha: Luccas Eduardo Maldonado
Anexos: Euclides da Cunha, Rui Facó,
Astrojildo Pereira e Otto Maria Carpeaux

Formação do PCB
Prefácio: José Antonio Segatto
Orelha: Fernando Garcia
Anexos: Alex Pavel (Astrojildo Pereira)

Crítica Impura
Prefácio: Joselia Aguiar
Orelha: Paulo Roberto Pires
Anexos: Leandro Konder

OUTRAS PUBLICAÇÕES DA BOITEMPO

Justiça interrompida
Nancy Fraser
Tradução de **Ana Claudia Lopes** e **Nathalie Bressiani**
Orelha de **Flávia Biroli**

Lacan e a democracia
Christian Dunker
Orelha de **Vladimir Safatle**
Quarta capa de **Maria Lívia Tourinho Moretto** e **Nelson da Silva Jr.**

Um dia esta noite acaba
Roberto Elisabetsky
Orelha de **Irineu Franco Perpétuo**
Quarta capa de **Odilon Wagner**

A questão comunista
Domenico Losurdo
Organização e introdução **Giorgio Grimaldi**
Tradução de **Rita Coitinho**
Orelha de **Marcos Aurélio da Silva**

ARSENAL LÊNIN
Conselho editorial Antonio Carlos Mazzeo, Antonio Rago, Augusto Buonicore, Ivana Jinkings, Marcos Del Roio, Marly Vianna, Milton Pinheiro e Slavoj Žižek

Imperialismo, estágio superior do capitalismo
Vladímir Ilitch Lênin
Tradução de **Edições Avante!** e **Paula Vaz de Almeida**
Prefácio de **Marcelo Pereira Fernandes**
Orelha de **Edmilson Costa**
Quarta capa de **György Lukács**, **István Mészáros** e **João Quartim de Moraes**

BIBLIOTECA LUKÁCS
Coordenação de José Paulo Netto e Ronaldo Vielmi Fortes

Goethe e seu tempo
György Lukács
Tradução de **Nélio Schneider** com a colaboração de **Ronaldo Vielmi Fortes**
Revisão da tradução de **José Paulo Netto** e **Ronaldo Vielmi Fortes**
Orelha de **Ronaldo Vielmi Fortes**
Quarta capa de **Miguel Vedda**

Capa da primeira edição de *Formação do PCB*
lançada pela Editorial Vitória em 1962.

Publicado em março de 2022, cem anos após a fundação do Partido Comunista do Brasil (PCB), este livro foi composto em Adobe Garamond Pro, corpo 11/15,4, e impresso pela gráfica Rettec, para a Boitempo e para a Fundação Astrojildo Pereira, com tiragem de 2.500 exemplares.

ESCRITOS GRAMSCIANOS
Conselho editorial: Alvaro Bianchi, Daniela Mussi, Gianni Fresu, Guido Liguori, Marcos del Roio e Virgínia Fontes

Homens ou máquinas?
escritos de 1916 a 1920
ANTONIO GRAMSCI
Seleção e apresenttação de **Gianni Fresu**
Tradução de **Carlos Nelson Coutinho e Rita Coitinho**
Orelha de **Marcos del Roio**

ESTADO DE SÍTIO
Coordenação de Paulo Arantes

Abundância e liberdade
PIERRE CHARBONNIER
Tradução e orelha de **Fabio Mascaro Querido**

MARX-ENGELS

Esboço para uma crítica da economia política
FRIEDRICH ENGELS
Organização e apresentação de **José Paulo Netto**
Tradução de **Nélio Schneider**
Orelha de **Felipe Cotrim**

MUNDO DO TRABALHO
Coordenação de Ricardo Antunes

Sub-humanos: o capitalismo e a metamorfose da escravidão
TIAGO MUNIZ CAVALCANTI
Prefácio de **Boaventura de Sousa Santos**
Orelha de **Ricardo Antunes**
Quarta capa de **Mario Sergio Cortella**

CLÁSSICOS BOITEMPO

O dinheiro
ÉMILE ZOLA
Tradução de **Nair Fonseca e João Alexandre Peschanski**
Orelha de **Mario Sergio Conti**

LITERATURA

Como poeira ao vento
LEONARDO PADURA
Tradução de **Monica Stahel**
Orelha de **Sylvia Colombo**

BOITATÁ

O disco-pizza
MARIA RITA KEHL E LAERTE COUTINHO